古史甄微

蒙文通 著

图书在版编目（CIP）数据

古史甄微/蒙文通著．—成都：巴蜀书社，2021.3
（巴蜀百年学术名家丛书）
ISBN 978－7－5531－1399－9

Ⅰ.①古… Ⅱ.①蒙… Ⅲ.①史评—中国—古代 Ⅳ.①K220.7

中国版本图书馆CIP数据核字（2020）第221148号

古史甄微
GUSHI ZHENWEI

蒙文通 著

责任编辑	王承军
出版发行	巴蜀书社（成都市槐树街2号 邮编610031）
电　　话	总编室：(028) 86259397
	发行科：(028) 86259422　86259423
网　　址	www.bsbook.con
电子邮箱	bashubook@163.com
排　　版	四川胜翔数码印务设计有限公司
印　　刷	成都东江印务有限公司
版　　次	2021年3月第1版
印　　次	2021年3月第1次印刷
成品尺寸	130mm×210mm
印　　张	7.25
字　　数	140千
书　　号	ISBN 978－7－5531－1399－9
定　　价	52.00元

本书若有印装质量问题，请与本社发行科联系调换

自　序

乙卯春间,蒙尝以所述《孔子古文说》质之本师井研廖先,廖先不以为谬。因命曰:"古言五帝疆域,四至各殊。祖孙父子之间,数十百年之内,日辟日蹙,不应悬殊若是。盖纬说帝各为代,各传十数世,各数百千年。五行之运,以子承母,土则生金,故少昊为黄帝之子。详考论之,可破旧说一系相承之谬,以见华夏立国开化之远,迥非东西各民族所能及。凡我国人,皆足以自荣而自勉也。"蒙唯诺受命,已十余年,终未遑撰集。丙寅夏间适蓉,趋谒罗江叶秉老世丈。叶丈博物能文,淹贯史乘,讯蒙于乙部曾用何功。仓皇之间,无以为答,支吾数语,惭悚无似。盖学殖荒落,根底未充,一遇通人,辄瞠目无对,固其宜也。丁卯岁首稍暇,遂发愤撰集,谋以酬廖师之命者、应叶丈之责。搜讨既终,疑文猬集。爰原本遂古,迄于春秋,撰为此篇。本为究论史乘,而多袭注疏图纬之成说,间及诸子,殆囿于结习而使然也。稿既脱,凡十二篇,约六万言。即以教于成都大学,再教于成都师范大学,稿又易。三教于四川大学及敬业学院,增补益多。洽岁之间,稿凡三易。于是文通将有金陵之游,践师门五年之约。南充张方老世丈曰:"且稍留,试为我写定之。"则又淹迟成都三阅月而四定稿又毕。《经学抉原》《天问本事》初稿,亦次第录出,约四万言。《经学抉原》一篇,犹是旧作《导言》之旨。盖以《天问本事》一篇,以见楚人一派之学。三篇循环相通,而文通年来言学大意,备于是矣。稿稍成而群盗阻兵,烽火突起,欲行不得,东望江表,愤怼何如!士贵久要不忘平生之言,吾行已先不信,尚何冀人之信吾言,而况此非毁尧舜,讥短汤武,狂悖之论哉!则草定此篇之意,不可以不叙也。

叙曰:晚近言学,约有二派:一主六经皆史,一主托古改制。二派根本既殊,故于古史之衡断自别。数十年来,两相诋諆嘲嚷,若冰炭之不可同刑。言今古学者且复以是为判。然苟今古学之义不明,则古史正未易理。今世之言今古学者,固自与古不同。在昔两汉言学,严守师法,各有义类、统归,于同道则交午旁通,于异家则不相杂越,笃信谨守,说不厌详。而晚近言学则异是。刘(逢禄)、宋(翔凤)、龚(自珍)、魏(源)、崔(适)、康(有为)之流,肆为险怪之辩,不探师法之源,徒讥讪康成、诋评子骏,即以是为今文。至若詈《伪孔书传》而曲信皇甫士安,究不明两家之说为同为异,斯谓之能讪郑则可,谓之今文则不可。惠(士奇)、金(鹗)、陈(奂)、邹(汉勋),其陈说礼数,亦何尝不征之先秦以易后郑,途径岂出龚、魏下,彼则不自命为今文,此乃张愍纬以骇俗。董、伏、韩、杨之术,岂其若斯。若张惠言、陈寿祺之述论,则庶有当于今文家法之学。是前代之今文惟一,近代之今文有二,鱼目混珠,朱夺于紫,其敝也久矣。今文之末流如是,而古文之诡惑亦莫不然。徒诋谶纬,矜《苍》《雅》,人自以为能宗郑,而实鲜究其条贯。交口赞康成、毁范宁,于其旨义之为一为二,乃未之详察。至若刘、贾、马、郑之或变或合,更莫探其原委,谓之能阿郑则可,讵何关于古文。今文、古文之界别且不明,徒各据纬、候、《苍》《雅》为根实,以讪郑、阿郑为门户,则今世言今古学之大本已乖,又何论于改制托古、六经皆史之谈。盖此二说者,文无征于古,义或爽于正,固未可依之以断义。惟一舍此末世之浮辞,守先师之遗训,考其家法,推其条例,以致其密,说虽难备,义尚有归。如北学言史,要不远于谯周(《古史考》),南学言史,终未越乎皇甫(《帝王世纪》)。古文学既南北异趣,今文学亦齐鲁殊致,适海适岱,言各有宗,触类而通,然后于汉师之学,古史之事,庶可略知方轨。然此犹局乎孔氏一家之言,班马以来之说,未可以上穷古史之变也。古史奇闻,诸子为详;故训谶纬,驳文时见。比辑验之,则此百家杂说,自成统系,若或邻于事情,而六艺所陈,动多违忤,反不免于迂隔。搜其散佚,撰其奇说,自足见儒家言外若别有信史可稽。经史截分为二途,犹泾清渭浊之不可混。故方《古史甄微》初稿之成,则于托古改制之说,虽欲不信而不得。更后读《楚辞·天问》,见其持说乃又不同。王逸《序》言:屈原"见楚有先王之庙,及公卿祠堂,图画天地山川神灵,琦玮僪佹;及古圣贤怪物行事。因书其壁,呵而问之"。是《天问》所陈,皆楚人相传之史;《山海经》雅与符会,谅同本于楚人之旧传;既大异于六经,复不同于诸子。乃恍然于《古史甄微》所述,多本韩非之意,同符汲冢之书,别是北方三晋所传。而儒家六经所陈,究皆鲁人之说耳。盖鲁人宿敦礼义,故说汤、武俱为圣智;晋人宿崇功利,故说舜、禹皆同篡窃;楚人宿好鬼神,故称虞、夏极其灵怪。三方所称述之史说不同,盖即原于其思想之异。《古史甄微》备言太古民族显有三系之分,其分布之地域不同,其生活与文化亦异。六经、《汲冢书》、《山海经》,三者称道古事各判,其即本于三系民族传说之史固各不同耶？晋之《乘》、楚之《梼杌》、鲁不修之《春秋》,其文寥落不可知,其义则彰然可识也。况《天问》所述,托始女娲,而《庄子》称赫胥、豨韦,《周易·系辞》始自伏羲,而《子思》称东扈,《韩非·五蠹》始自燧人、有巢,而《商君》称昊英,所陈不同,非苟而已。《山经》颇称帝俊,而北人之传无之；郯子称道少昊,《大戴礼记》《吕氏春秋》述五帝皆不之及,两家所说盖本之荀卿、李斯者耶？是三方言首出之王既殊,言继世之王又各异也。余旧撰

《经学导言》，推论三晋之学，史学实其正宗，则六经、《天问》所陈，翻不免于理想虚构。则六经皆史之谈，显非谛说，托古改制之论，亦未必然。诚以今文家改制之言，以经之所陈，作自孔氏，然终无以解于《左》《国》之书。以左书多符六经，安得曰不祖孔子；左书而非祖孔子，则孔子所改制而《左》《国》能偶同之者何耶？倘东方之旧传实然，故《左》孔同符，而别异于晋、楚人之说也。此改制之说所由难通，而推本于邹鲁、晋、楚三方传说之殊，理或尔也。且改制所本，依于《春秋公羊》，说者谓隐公改元，既为"王鲁"之证；然天子改元，即事天地，诸侯改元，即事社稷，礼家断其义。《左氏》纪惠公之元，《国语》晋依献公、文公纪元，《春秋》述其事。安在隐公元年，即为《春秋》当新王之义？"素王"之说既摇，即改制之说难立。至刘知几之《惑经》《疑古》，更足征经史之分途。晚近六经皆史之谈，既暗于史，尤病于史。似于刘氏所惑所疑，盖已了无疑沮，而于孔子所传微言大义，更若存若亡。此六经皆史、托古改制两说之所不易明，而追寻今古之家法，求晋楚之师说，或有当也。然《天问》《山经》争涉神话，语多灵怪，民神糅杂，其可据以说南人之史耶？盖《山经》之作，五篇之文最先，而《海内外》《大荒》皆属后起。在后篇言之神怪者，在《山经》皆为朴略之人，亦犹世传关羽事多异闻，乃非陈寿所宜知也。知《天问》《山经》所述，自为楚之史文；《九歌》所咏云中君、少司命之类，乃楚之神鬼耳。

而《天问》所陈,雅不涉于《九歌》;《九歌》所颂,复不涉及《天问》;则楚人神之与史,其辨本明,持此以验三方传说之殊,倘未为失。推此以寻,则见晋楚之史,不与邹鲁同科。三系之说明,而古史大略或可求也。请姑就《孟子》书证之。孟子之书,尽人所信,今以《孟子》书证《孟子》书,见儒家言外,显有异家之史存于其间,孟子所称述者若可疑,而孟子所斥责者翻若可信。试列陈之:

（一）万章问曰:"人有言,伊尹以割烹要汤,有诸?"孟子曰:"否,不然。伊尹耕于有莘之野,而乐尧舜之道焉,汤三使往聘之,故就汤而说之以伐夏救民。"孟子所陈与万章所问各异。而《韩非·难言》:"汤,至圣也。伊尹,至智也。夫以至智说至圣,然且七十说而不受,身执鼎俎为庖宰,昵近习亲,汤乃仅知其贤而用之。"则《韩非》之说,足证万章之非诬,固别一说也。若《天问》说伊尹之事又自不同。其曰:"成汤东巡,有莘爰极,何乞彼小臣,吉妃是得？水滨之木,得彼小子,夫何恶之,媵有莘之妇？"说既荒唐,异于《孟子》《韩非》所论。《吕氏春秋·本味篇》:"有侁氏女子采桑,得婴儿于空桑中,献之其君,察其所以然。曰:其母居伊水之上,孕,梦有神告之曰:臼出水而东走。母顾明日视臼出水,告其邻,东走十里,而顾其邑尽为水,身因化为空桑,故命曰伊尹。伊尹长而贤,汤闻,使人请之有侁氏,有侁氏不可。伊尹亦欲归汤,于是请娶妇为婚,有侁氏喜,以伊尹为媵送女。汤得伊尹,设朝而见之,说汤以至味。"此又一说也。《吕览》所言,即述《天问》之事,又连及鼎俎庖宰并为一说。盖后起之书,兼备众议矣。是伊尹要汤之事惟一,而《孟子》《韩非》《天问》三家之说不同。《墨子》:"汤将往见伊尹,令彭氏之子御。彭氏之子曰:伊尹,天下之贱人也,君欲见之,亦令召问焉,彼受赐多矣。"则孟子之说,惟墨翟与合,岂以邹鲁所传自相同,而与晋楚之说各异耶!《孟子》言:"伊尹五就汤、五就桀。"则非耕于莘野之人也。治亦进,乱亦进,圣之任者。《墨子》亦言:"成汤举伊尹于庖厨。"则割烹之说反若可信。以《孟子》证《孟子》,则《韩非》之说有征,而《孟子》之说可疑也。

(二)"万章问:或曰百里奚自鬻于秦养牲者五羊之皮,食牛以要秦穆公,信乎? 孟子曰:否,不然,好事者为之也。百里奚知虞公之不可谏而去之秦,年已七十矣。"《史记》赵良说:"百里奚,荆之鄙人也。自鬻于秦客,被褐食牛。"《吕氏春秋·慎人》:"公孙枝以五羊皮买之而献诸缪公。"《韩非·说林》:"公孙枝自刖而尊百里。"《庄子》:"奚饭牛而牛肥,缪公忘其贱,与之政。"此又一说也。皆足证万章所问不虚。《孟子》曰:"百里奚举于市。"是亦说自鬻食牛事。以《孟子》之言足证《孟子》之言可疑也。

(三)孟子以文王为以德行仁者王,孔子亦赞文王:"三分天下有其二,以服事殷,可谓至德。"凡孔、孟之称美文王者至矣。然《韩非·内储》言:"文王资费仲而游于纣之旁,令之间纣而乱其心。"《喻老》言纣索玉版事,谓周恶贤者之得志也。《淮南·道应训》言:"文王为玉门,筑灵台,相女童,以待纣之失。"此又一说也。与孔、孟之言迥别。《天问》则曰:"伯昌号衰,秉鞭作牧,何彻彼岐社,命有殷之国?"正纬书所谓赤雀衔丹书降周之岐社,而文王制命称王。此又一说也。而屈子亦深以周之代殷为疑。《孟子》曰:"取之而燕民不悦则毋取,古之人有行之者,文王是也。"既言"文王由方百里起",又曰"汤以七十里,文王以百里",则文王之受封可知。复言"文王之囿方七十里,民犹以为小",则太王、文王翦商之志不尤显耶! 以《孟子》书证《孟子》书,亦足见《韩非》所言文王之积虑处心邻于实,而孔、孟所言为疏,斯皆文饰之迹,有所不能全泯者也。

(四)《孟子》曰:"太公避纣,居东海之滨,闻文王作,兴曰:盍归乎来,吾闻西伯善养老者。"此一说也。而《离骚》则云:"吕望之鼓刀兮,遭周文而得举。"《天问》曰:"师望在肆昌何识,鼓刀扬声后何喜?"此又一说也。《齐世家》谓:"太公以钓鱼奸周西伯。"《吕氏春秋》:"太公望,东夷之士也,欲定一世而无其主,闻文王贤,故钓于渭以观之。"《韩非·喻老》说:"文王举太公渭滨。"《史记》范雎说秦王曰:"吕尚之遇文王也,身为渔父,而钓于渭滨耳。"此又一说也。皆与《孟子》不合。《尚书大传》言:"散宜生、闳夭、南宫括,三子者学于太公;太公见三子知为贤人,遂与三子见文王于羑里。"《史记》言:"吕尚处士,隐海滨,周西伯拘羑里,散宜生、闳夭素知而召吕尚。吕尚亦曰:吾闻西伯贤,又善养老,盍往焉。"史公之说,即本之《大传》,与《孟子》同。又足见太公之事惟一,而《孟子》《韩非》《天问》三家之说又各不同。范雎,魏人,故与《韩非》合;伏生与孟子同为东方儒家之说,又能自相合也。

(五)《孟子》曰:"傅说举于版筑之间。"而《韩非》言:"傅说转鬻。"与《孟子》之说不同。《墨子》:"傅说被褐带索,筑乎北海之洲。"异乎《韩非》北方之传,而合于《孟子》,同为东方之说。若《庄子》则云:"夫道无为无形,傅说得之以相武丁,奄有天下,乘车维,骑箕尾,而比于列星。"斯南方之说又自殊也。

(六)孟子曰:"伯夷,圣之清者也。"孔子曰:"伯夷、叔齐饿于首阳之下。"此邹鲁之言也。《韩非》则曰:"伯夷以将军葬于首阳之下。"而《汲冢书》言:"伯夷、叔齐去隐于首阳山。或告伯夷、叔齐曰:胤子在鄗,父师在夷,奄孤竹而君之,以夹煽王烬,商可复也。"则夷、齐岂肥遁自甘者耶!此三晋之说又不同也。《天问》言:"惊女采薇,鹿何佑?"说者引《古史考》《列士传》释之。《古史考》言:"夷、齐采薇而食,野有妇人谓之曰:子义不食周粟,此亦周之草木也。于是饿死。"《列士传》言:"二人遂不食薇,天遣白鹿乳之,得数日,夷、齐私念此鹿肉,食之必美,鹿知其意,不复来,二子遂饿而死。"此又《天问》楚人荒唐之说,与三晋、邹鲁又不同也。

（七）《孟子》曰："舜生于诸冯,迁于负夏,卒于鸣条,东夷之人也。"《淮南子》以"舜征三苗,道死苍梧",则舜以征三苗不死于东而死于南也,异于《孟子》。而《鲁语》展禽谓："舜勤众事而野死。"此又以舜非死于征三苗,意与《孟子》合。则邹鲁所传自相同,而与《淮南》《檀弓》等异家之说殊也。

（八）"咸丘蒙问：语云：盛德之士,君不得而臣,父不得而子,舜南面而立,尧帅诸侯北面而朝之,瞽瞍亦北面而朝之,舜见瞽瞍,其容有蹙。孔子曰：于斯时也,天下殆哉岌岌乎。孟子曰：否,此非君子之言,齐东野人之语也,尧老而舜摄也。"然《吕氏春秋》说："尧传天下于舜,礼之诸侯,妻以二女,臣以十子,身请北面朝之。"《韩非子·忠孝》称《记》曰："舜见瞽瞍,其容造焉。孔子曰：当是时也,危哉,天下岌岌,有道者父固不得而子,君固不得而臣也。"则咸丘蒙所持以问,固孟子而外,异家所述之史文也。

（九）《孟子》曰："尧崩,三年之丧毕,舜避尧之子于南河之南。"而《汲冢古文》云："昔尧德衰,为舜所囚。又云舜囚尧复偃塞丹朱,盖囚尧、偃朱二城,是南河之南处也。"与《孟子》不合。《韩非子·难三》则曰："夫尧之贤,六王之冠也,舜一从而咸包,而尧无天下矣。"亦与《孟子》不合,而与《汲冢古文》合。孟子曰："舜崩,三年之丧毕,禹避舜之子于阳城。"《韩非·说疑》则曰："舜逼尧,禹逼舜,汤放桀,武王伐纣。"《符子》曰："舜禅夏禹于洞庭之野。"则征三苗道死苍梧时也,亦与《孟子》不同。《孟子》曰："禹崩,三年之丧毕,益避禹之子于箕山之阴。"《韩非子·外储》则曰："禹爱益而任天下于益,已而以启人为吏,及老而传天下于益,而势重尽在启也。已而启以友党攻益,而夺之天下。"又与《孟子》不合。若《庄子》则曰："尧让天下于许由,许由曰:予无所用天下为。又让天下于子州支父,子州支父曰:我未暇治天下也。舜以天下让北人无择,北人无择因自投清泠之渊。舜以天下让石户之农,石户之农夫负妇戴携子以入于海。"是道家者流、南方之说,既异于韩魏之传,复异于邹鲁之说也。《汲冢古文》言："益干启位,启杀之。"与《韩非》合。《汲冢》,魏书,与《韩非》同为三晋北方之说,故能自相同耶!《墨子·尚贤》云："古者尧举舜于服泽之阳,授之政,天下平。禹举益于阴方之中,授之政,九州成。"《墨子》所言乃能与《孟子》合者,亦以同为东鲁之说,故又自相同也。

(十)"万章曰:象日以杀舜为事,立为天子则放之,何也?孟子曰:封之也,或曰放焉。"而《韩非·忠孝》说："瞽瞍为舜父而舜放之,象为舜弟而杀之,妻帝二女而取天下。"《孟子》《韩非》说象事又各不同。

(十一)《孟子》曰："太甲悔过,自怨自艾。三年以听伊尹之训己也,复归于亳。"而《汲冢古文》言:"太甲潜出自桐,杀伊尹。"《韩非·说疑》又称《记》曰:"尧有丹朱,而舜有商均,启有五观,商有太甲,武王有管、蔡。五王之所诛者,皆父兄子弟之亲也。"则谓太甲之事与五观、管、蔡同也。是《孟子》《韩非》说太甲又不同。

(十二)"万章问:人有言,至于禹而德衰,不传于贤而传于子。孟子曰:否,不然也。"而《新序·节士》:"禹问伯成子高曰:及吾在位,子辞诸侯而耕何?子高曰:昔尧举天下而传之他人,舜亦犹然。今君之所怀者私也,贪争之端自此始,德自此衰,刑自此繁也。"《淮南子》说:"有扈氏为义而亡。"高诱注谓:"有扈氏以尧舜举贤,而禹独与子,故伐启。"则万章所问又上合于伯成子高与有扈氏之义,而异于孟子之说也。

(十三)万章曰:"杀三苗于三危。殛鲧于羽山。"此谓诛有罪也。《史记》云:"流共工于幽陵以变北狄,放驩兜于崇山以变南蛮,迁三苗于三危以变西戎,殛鲧于羽山以变东夷。"此谓以成化也。《晋语五》曰季曰:"舜之刑也殛鲧。"《韩非子》说:"尧不听,举兵而诛共工于幽州之都,诛鲧于羽山之郊。"则诛讨有罪者三晋之说也。《左氏》文十八年传:"季文子曰:舜臣尧,流四凶族,投诸四裔,以御魑魅。"《鲁语》展禽以"鲧障洪水而殛死"与舜勤众事而野死、稷勤百谷而山死并举。则以教民成化者,鲁人之说,而《史记》用之也。若《天问》则曰:"永遏在羽山,夫何三年不施?"又曰:"鸱龟曳衔,鲧何听焉?化为黄熊,巫何活焉?"则巫怪之说,固不足论。是伯鲧之事惟一,而楚人与邹鲁、三晋所道又各异也。

(十四)《孟子》曰:"由尧舜至于汤,五百有余岁。由汤至于文王,五百有余岁。由文王至于孔子,五百有余岁。"又曰:"由周而来,七百有余岁也。"此《鲁世家》、刘歆、班固之所本。马迁、班固又言:"夏十七王,殷三十一王。"即本之《三朝记·少间》:"禹崩十有七世有桀,成汤崩二十二世有武丁,武丁崩九世有纣。"此邹鲁之说也。而《韩非》说:"虞夏二千余岁,殷周七百余岁,而不能定儒墨之真,乃欲审尧舜之道于三千岁之前。"与《孟子》殊。而《汲冢古文》言:"夏年多殷。"与《韩非》合。《律历志》言:"张寿王治黄帝调历,言黄帝至元凤三年,六千余岁。又疑帝王录,舜、禹年岁不合人年。"寿王又言:"伯益为天子代禹。"同于《韩非》《竹书》。此又三晋之说也。神农作太初历,而《律历志》言:"前历上元太初四千六百一十七岁至于元封七年。"此当即宝长安、单安国治终始言"黄帝以来三千六百二十九岁"之说所由本。黄帝调历为晋人之说,神农太初为楚人之说可知。

由此见即《孟子》之书,显有矛盾不同之史存于其间。韩非、汲冢之书皆与《孟子》异而自相同,惟墨子、展禽等鲁人之说能与《孟子》合,而异于臼季、韩非三晋之说。《离骚》《天问》楚人之说,又自差殊;然荒唐悠谬,置之可也。以《孟子》书证《孟子》书,或时又自相违反,足证北方三晋之学邻于事实。《韩非·难一》言：

> 历山之农者侵畔,舜往耕焉,期年甽亩正。河滨之渔者争坻,舜往渔焉,期年而让长。东夷之陶者器苦窳,舜往陶焉,期年而器牢。仲尼叹曰:耕渔与陶,非舜官也,而舜往为之者,所以救败也,舜其信仁乎!或问儒者曰:方是时也,尧安在？其人曰:尧为天子。然则仲尼之圣尧奈何？圣人明察在上位,将使天下无奸也,今耕渔不争,陶器不窳,舜又何德而化! 舜之救败也,则是尧有失也。贤舜则去尧之明察,圣尧则去舜之德化,不可两得也。且舜救败,期年已一过,三年已三过,舜有尽,寿有尽,天下过无已者,以有尽逐无已,所止者寡矣。

是不特三晋所传之史与邹鲁不同,韩非且进而击儒者之传,侮孔子之说,已开《惑经》《疑古》之端也。仲尼祖述尧舜,宪章文武,而《十过》述由余之言曰：

> 昔者尧有天下,饭于土簋,饮于土铏,其地南至交趾,北至幽都,东西至日月之所出入者,莫不宾服。尧禅天下,虞舜受之,作为食器,斩山木而财之,削锯修其迹,流漆墨其上,输之于宫以为食器,诸侯以为益侈,国不服者十三。舜禅天下而传之于禹,禹作为祭器,墨漆其外而朱画其内,缦帛为茵,蒋席颇缘,觞酌有采,而樽俎有饰,此弥侈矣,而国之不服者三十

三。夏后氏没,殷人受之,作为大路而建九旒,食器雕琢,觞酌刻镂,四壁垩墀,茵席雕文,此弥侈矣,而国之不服者五十三。

是韩非以尧、舜、禹、汤胥不得为恭俭之主。周监二代,郁郁其文,而武王征四方,凡憝国九十有九国,周公东征熊盈族十有七国,由韩非视之,将周之益侈而国之不服者弥多耶!《韩非·外储说》:"尧以其天下让许由,许由必不受也,则是尧有让许由之名,而实不失天下也。"是唐虞之禅让其名,而舜禹之攘夺其实也。《说林上》言:"汤已伐桀而恐天下言己为贪也,因乃让天下于务光,而恐务光之受之也,乃使人说务光曰:汤杀君而欲传恶声于子,故让天下于子。务光因自投于河。"《殷祝》言:"桀三致国于汤,一徙于不齐,再徙于鲁,三徙于南巢,然后汤即天子位。"是汤之让务光也为伪,实已伐桀,而仍伪为禅让之迹以饰之。《奸劫弑臣》言:"古有伯夷、叔齐者,武王让以天下而弗受,饿死首阳之陵。"夫伯夷扣马之谏不售,耻周而逃之,而武王反以天下让伯夷者何耶!《孟子》言:"伯夷不立于恶人之朝,不与恶人言。"则其求仁得仁,饿于首阳之下,武王、周公,正伯夷之所谓之恶人耶!足知三晋史文,比于邹鲁六艺,非徒节末之殊,而实根本之异,其君则汤、武、尧、舜,其臣则伊、周、禹、稷,固无殊于五霸六国之人。人类自有史以来,古今一揆,上古不为治,季世不为淫。韩非所论,固迥别于孟子、屈原所闻,三方史说互异,即本《孟子》书可推而见之,北人所传近真,亦本《孟子》书可推而见之,此较明之证也。知斯旨也,则于同一事而后人传说各异,莫可考其出于周秦何派者,亦可以义推而得之。试再于《孟子》求之,若万章曰:"父母使舜完廪,捐阶,瞽瞍焚廪。使浚井,出,从而揜之。"赵岐注谓:"捐阶,舜即旋从阶下,瞽瞍不知其已下,故焚廪。浚井,舜入而即出,瞽瞍不知其已出,从而盖其井。"此一说也。《史记》说:"使舜上涂廪,瞽瞍从下纵火焚廪,舜乃以两笠自扞而下去。又使舜穿井,舜穿井为匿空旁出,舜既深入,瞽瞍下土实井,舜从匿空出去。"此又一说也。沈约注《竹书》、梁武帝作《通史》及《宋书·符瑞志》并云:"使舜涤廪,二女曰:鹊汝衣裳,鸟工往,得飞去。又使浚井,二女曰:去汝裳衣,龙工往,自旁而出。"郭璞注《山海经》云:"二女灵达,能以鸟工、龙裳救井廪之难。"《列女传》(《索隐》引):"二女教舜鸟工上廪。"此又一说也。三说虽见于汉人,然既知晚周三方立说之殊,则足见汉人三说之各有所本。史公所取,显为北方三晋之言,刘、郭则南方楚人神怪之说,而赵氏则为东方邹鲁儒者之说可明也。再推此例以究,则凡后世儒者所述异闻,皆略可推见所本。百家杂说虽繁,未尝不可分析以究之,使各就条理。盖在战国以前,三方传说,本自分明,述文者各守所闻,不相淆乱。自吕不韦使宾客人人著所闻,集论以为《吕氏春秋》,糅合众说,号为杂家。太史公、《淮南子》、韩婴、刘向继之,而先秦旧史统系乃不可理。盖亦犹郑康成糅合今古两学,以意取舍,而两汉师法在昔粲若列眉者,是后遂不可理也。今以孟子之说为宗,以上合六经,而邹鲁之言史者莫之能异也;以韩非为宗,以上合《汲冢纪年》,而三晋之言史者莫之能异也。《经典释文·庄子叙录》谓:"《庄子》书凡诸巧杂,十分有三,《汉书·艺文志》《庄子》五十二篇,即司马彪、孟氏所注是也,言多诡诞,或似《山海经》,或类占梦书,故注者以意取去。"今《庄子》书非完帙,不能考见其所述古事何如,而据陆氏所言,则庄书雅与《山海经》相合,则以屈原、庄子为宗,以上合《山海经》,则南方之言古史者亦莫之能异也。此论明,则三方之史不同,定可知之也。倘亦如本师廖先以《周官》统古学、以《王制》统今学之意乎!

余作《经学抉原》,深信齐鲁学外,而古文为三晋之学,则经术亦以地域而分。余旧读西汉之文,以为刘向、匡衡、董仲舒,此出于鲁人六经者也;邹阳、枚乘、王褒,此出于楚人词赋者也;贾谊、晁错、贾山,陈论政事,此出于三晋纵横法家者也。西汉文章之变,略尽于是,而亦以此三系文化为本,此又三方文章之不同也。自邓析、李悝、吴起、商鞅、申不害、韩非之徒,并是北人,太史公曰:"三晋多权变之士,夫言从横强秦者,大抵皆三晋之人也。"则从横法家,固三晋北方之学。道家如老庄,词赋家如屈宋,并是南人,则辞赋道家固南方之学也。六经儒墨者流,固东方邹鲁之学也。此又三方思想学术之不同也。三方文物之各殊,在在可见,固非言史一端而已。余之撰《经学抉原》,专推明六艺之归,惟鲁学得其正。又成《天问本事》,亦可以窥楚学之大凡也。兹重订《古史甄微》,则晋人言学旨趣所在,亦庶乎可以推征。三篇循环相通,而文通年来言学大意,备于是也。然《经学抉原》所据者制也,《古史甄微》所论者事也,此皆学问之粗迹。制与事既明,则将进而究于义,以阐道术之精微,考三方思想之异同交午,而衡其得失。如持孟子之说以视荀卿,而东方之儒、北方之儒,持论迥异;持宋玉《大小言赋》以视荀卿《云》《蚕》各赋,而晋楚词人思想之别,亦灼然可知。有东方之墨、秦之墨、南方之墨,而墨分为三;有巨子、有公孙龙,而坚白别盈离之辩。例是以推,义类深广,校其长短,则庄老沉疴,若在膏肓,荀韩所陈,有同废疾,思孟深粹,墨守无间。必读而辨之,而后知东方文化中之东方文化,斯于学为最美,则此区区之谈制与史者,琐末支离,固无当于高明之旨也。

目　录

自　序 /1
一　三皇五帝 /1
二　历年世系 /10
三　上古开化 /22
四　江汉民族 /34
五　河洛民族 /43
六　海岱民族 /50
七　上古文化 /59
八　虞夏禅让 /71
九　夏之兴替 /81
十　殷之兴替 /97
十一　周之兴替 /111
十二　三代文化 /132
附　录 /137
漫话古史 /139
中国开化始于东方考 /152

论先秦传述古史分三派不同/164

周初统制之法先后异术远近异制考/174

论秦及汉初之攻取/185

一　三皇五帝

谷永言："夫周秦之末,三五之隆。"师古曰："三谓三皇,五谓五帝。"则三皇五帝之说,起自晚周,汉师古已言之也。《郊祀志》有"梁巫、晋巫、秦巫、荆巫,晋巫祠五帝"。亳人谬忌奏祠泰一方曰："天神贵者泰一,泰一佐曰五帝。"是五帝本神祇,而赤熛怒、白招矩等则其帝之名也。郑玄以"太一者,北辰之神名"。宋均谓是"北极神之别名"。是北辰之神一,而五帝之神佐之。武帝时人有上书言："古者天子三年一用太牢祠三一：天一、地一、泰一。"是天地之神又并北辰之神而三。秦博士言："古者有天皇、有地皇、有泰皇,泰皇最贵。"则三皇之说,本于三一,五帝固神祇,三皇亦本神祇,初谓神、不谓人也。世或据《春秋后语》,欲易泰皇为人皇,而不知泰皇之说,出自泰一,人皇之名,又出自泰皇耳。郑玄注《中候》言："德合北辰者称皇,德合五帝佐星者称帝。"尤为三五之说本于天神之显证。帝之与皇,固无关于人事也。方皇帝说之起初，皇则一而帝五，及郑注《中候》，又列少昊于五帝，则又皇三而帝六，弥附会而弥离本也。撮周秦书之不涉疑伪者而论之，《孟子》而上，皆惟言三王，自荀卿以来，始言五帝，《庄子》《吕氏春秋》乃言三皇。以陆德明之言考之，则《庄子》书亦多有非漆园作者杂出其间。则战国之初，惟说三王，及于中叶，乃言五帝，及于秦世，乃言三皇。在前世皆言忠、敬、文三统，子、丑、寅三正，谓王者三而复，自不容有五运说、五而复之义以间之。言五帝当自驺衍氏之后也。

《诗》《书》中自昔称上帝，盖皆谓昊天上帝也。尧、舜、帝乙之称帝，则皆殁而臣子尊之，史氏述之，然后王者有帝号，谓配天耳。故曰稽古同天，以称帝为同天，是帝为天之专名，而假之以尊王者耳。《尚书大传》言："维十有三祀，帝乃称王入唐郊，犹以丹朱为尸。"是舜自称王不称帝，于时天子尚无帝号。而《尧典》已言"肆类于上帝"，审帝本天名在先，王者配天称帝在后也。昊天上帝惟一，而古之王者备五帝，于义何居？昔者周公宗祀文王于明堂以配上帝，亦帝一而配一。则天有五帝，古之王者有五帝，皆非西周之说可知也。又与三统之说不并容。是不特皇之说原始为一而非三，即帝之说在上世亦为一而非五也。自驺子言五德之运，盖五帝之说因之而兴。五运之说与三统之说不并行，则五帝之说与三王之说不两立也。《郊祀志》言："自齐威、宣时，驺子之徒论著终始五德之运，及秦帝而齐人奏之，故始皇采用之。"又言："秦始皇帝既即位,或曰黄帝得土德,夏得木德,殷得金德,周得火德,今秦变周,水德之时。"此即始皇之所采用,知即齐人之所奏,驺子之说也。《淮南·齐俗训》高诱注引《邹子》曰:"五德之次,从所不胜,故虞土、夏木、殷金、周火。"《文选注》亦引之,此即齐人说之所本,驺子并黄帝、夏、殷、周以言五运,知驺子据三王以言五运,当是以五运之说易三统,故曰五帝三王之说不并容。先五帝而以夏商周三王属于其后,外三王而言五帝者,后起之讹说也。据三王以言五运,不数颛顼、帝喾、尧、舜,此《白虎通》五帝无有天下之号之说,《大戴礼》五帝皆同姓之说也。列颛顼、帝喾于五帝,此《白虎通》五帝皆有立天下之号之说,《命历序》五帝各传十数世之说也。外三王而言五帝,非驺子之说,驺子之说五运据三王,则五运之说自驺子,而五帝之说且不必自驺子。知《孟子》以前言三王,自不宜言五帝又审矣!

自驺子五运之说起,而五帝之说兴。秦襄公作西畤祠白帝少昊,秦宣公作密畤祠青帝,秦灵公作上畤祭黄帝,作下畤祭炎帝。逮秦之亡,而五帝之祠未具,备五畤自高帝,见秦人五帝说之以渐而起也。方秦祠未具五畤之时,而晋之巫祠五帝。荀卿为赵之儒者言五帝,《周官》亦言五帝,吾故曰,《周官》,三晋之书也,是亦一证也。东方之人言王者五德终始,而西方则谓既以王者配上帝,王者五而复,则上帝亦五其神。天有五帝,上世之王者亦五帝,巫之五帝、史之五帝,乃次第起也。李斯言:"古者五帝,地方千里。"是于时五帝已皆为古天子也。《月令》,吕不韦作,秦人之学,于时求五帝于五畤不能备,则以颛顼承之。旧盖有以共工当黑帝者,以居水火之间,非序而绌之。既承以颛顼,则一姓而再兴也。勾芒、蓐收之属,实颛顼之六官,于是亦为祠享之神。《吕氏》、驺子所述各不同,其所自来者本各异,东西固殊途也。陈为太昊之虚,鲁为少昊之虚,卫为颛顼之虚,晋为夏虚,而《吕氏》则西少昊、北颛顼,若《山海经》则又颛顼之国在南,西轩辕、东少昊。是巫与史之说既异,楚与秦之文又别也。《孙子·行军篇》:"凡此四军之利,黄帝之所以胜四帝也。"《蒋子万机论》:"黄帝初立,不好战伐,而四帝各以方色称号,交共谋之。"此以黄帝与四帝并时有五帝,此五帝说之最早者,与齐秦之说各不同,别为吴楚之说。五帝说始见《孙子》,三皇说始见《庄子》,岂三五皆南方之说,驺子取之而别为之释,乃渐遍于东方北方耶!秦之五畤本以渐起,而上兼三皇,驺衍之说,下据三王,则晋人之言五帝,其即杂取齐秦之说以立义耶!《荀子·成相》言:"文武之道同伏戏。"而《非相》言:"五帝之外无传人,非无贤人也,久故也。"伏戏之为传人,知不在五帝之外。是荀说五帝亦上兼三皇,与秦人五畤、《月令》同也。《大略》言:"诰誓不及五帝,盟诅不及三王。"《非相》言:"五帝之中无传政,非无善政也,久故也,禹汤有传政。"是荀别禹汤三王于五帝之外,秦晋北方之说自为同也。帝固独贵之神,今乃有五,则不能不有尤贵者焉。《周官·春官·司服》："王祀昊天上帝，则服大裘而冕，祀五帝亦如之。"则五帝之外，更有上帝。五帝、上帝之说，自三晋始也。又一变而为泰一，为三一，为三皇，又去古义益远也。

三皇之说既起，前世既以古之王者配五帝，则又自然必以古之王者配三皇。黄帝为五帝之本，不可以配三皇，惟伏羲、神农前乎此，可以为皇耳。故《淮南子》称："泰古二皇，得道之纪。"说者谓二皇羲农也。而三皇终缺其一。巫则三皇，史则二皇，于是各家以意取古王者补之。自《潜夫论》《白虎通》《风俗通》以观，诸家言三皇皆称伏羲、神农，此诸家之所同；其一则或曰女娲、曰遂人、曰祝融、曰共工，遂各不同，此诸家之所异也。其同其异之间，而三皇说逐渐发展之迹可求也。帝本为昊天之神，而皇不过赞天神之词耳，《诗》曰"皇皇上帝"，"皇矣上帝"，后乃帝前有皇号，诚可哂也。羲农既跻于三皇，则《月令》之五帝俄空焉，则以帝喾、尧、舜备之；故《尚书中候》五帝有六。五帝终不可有六也，则又绌少昊，故《大戴》、史公五帝之说，此诚源秦晋而次第转变最后之说，既有三皇说以后之五帝说也。及伪孔安国、皇甫士安，乃以羲、农、黄帝言三皇，少昊、颛顼、帝喾、尧、舜言五帝，至是而三皇五帝之说乃略定；然其无当于义犹昔也。《郊祀志》言："武帝欲仿黄帝以接神人，道蓬莱，高世比德于九皇。"是当时三皇之说未定，而九皇之说又起。《郊祀志》："雍有日、月、参、辰、风伯、雨师、四海、九臣、十四臣、诸布、诸严之属,百有余庙。"皮鹿门以十四臣为六十四臣之脱误,当是九皇之臣、六十四民之臣。是知九皇、六十四民,在秦本属雍庙,入汉亦为古之王者也。董仲舒据三皇以言九皇,故神农在九皇,亦犹驺衍据三王以言五运。以九皇之说代三皇,九皇、三皇说不两立,亦犹五德三王说不并容。自汉以来,序三王于五帝之后,入东汉,又叙九皇于三皇之前,是并非正义耳!然自魏晋以来,九皇六十四民之说,又已久湮而无知者也。

序论皇帝之说,在汉时凡有二派,持说不同。一主三皇,详于伏生;一主九皇,本之董子。董子之义,谓汤受命而王,应天变夏作殷号,时正白统,亲夏、故虞、绌唐,谓之帝尧,以神农为赤帝。周人之王,亲殷、故夏、绌虞,而号舜曰帝舜,改号轩辕谓之黄帝,尚推神农以为九皇。以圣王生则称天子,崩迁则存为三王,绌灭则为五帝,下至附庸绌为九皇,下极其为民(此为节取《春秋繁露·三代改制》篇文。中复间以己意校补)。则王、帝、皇、民以次推迁,故礼家继之有六十四民之说,皆谓古易姓之王者也。诸书亦有谓太昊为仓帝、泰帝者,《月令》即曰"其帝太昊",知伏羲古亦在五帝列,岂谓夏人亲虞故唐而绌高辛之遗说乎?自九皇以上曰六十四民,遂古之初,则未究其始,此齐学者之说也。伏生等说三皇之义与此不同,以"遂人为遂皇,遂人以火纪,故托遂皇于天。伏戏为戏皇,伏戏以人事纪,故托戏皇于人。神农为农皇,神农悉地力,故托农皇于地"。自郑玄、宋均、谯周,及《命历序》《含文嘉》《甄曜度》《雒书》,说三皇皆与伏同。郑玄注《通卦验》云:"燧皇谓遂人,在伏羲前,风姓,始王天下。"谯周《古史考》亦说:"太古之初,有圣人以火德王,号曰遂人。"明郑谯二氏皆以燧人为百王之首。郑玄以"遂皇之后,六纪九十一代至伏羲(此据《礼运》疏引《六艺论》文,《曲礼》疏别引《六艺论》文云:"燧人至伏羲一百八十七代。"与此不同。《路史》云:"马总之徒,俱谓十纪通百八十有七代。"《曲礼》疏所引,或即本郑说通十纪之文而有误,马总之说当本之郑说)。羲皇其世有五十九姓,而神农有七世,轩辕十三世。"谯周则说:"遂人次有三姓至伏羲,伏羲以次有三姓至女娲,女娲之后五十姓至神农,神农至炎帝一百三十三姓,炎帝之后凡八代,轩辕氏代之。"宋均又以为"女娲至神农七十二姓"。此三家说三皇虽同,而三皇之间,易姓而王者几代,则各不同;盖所据又各异也。而三皇非其人身自相接,其间代之易姓而王者实多,则三家并同。是此一派不谓皇帝为以次推迁,其义甚显。通三家之说观之,自遂人至黄帝,其间易姓而王者殆三百姓,而遂皇有天下一百五十六代,有巢氏有天下百余代。《尸子》曰:"神农氏七十世有天下。"则三皇三百姓间将及万代,此鲁学者之说也。二派立说,一以皇帝为推迁,一以为固定,义已不同。以神农为九皇,则九皇之说所以易三皇，两说不能并行，亦犹五运说之易三统，两说本不能并行者也。

董、伏而后，说三皇、九皇者又复别出，郑司农《小宗伯》注云："三皇、五帝、九皇、六十四民，咸祀之。"《汉旧仪》亦云："祭三皇、五帝、六十四民，皆古帝王，凡八十一姓。"贾公彦《周官正义》引《史记》云："九皇氏没，六十四民兴，六十四民没，三皇兴。"又引《史记》云："伏羲以前，九皇六十四民。"是则三皇之前，复有九皇，与伏义不合。六十四民在九皇之后，又与董义不合。贾疏所引《史记》，今司马迁书无其文，则是后儒别一家书。五帝之说与三王之说不并存，及后遂叙五帝于三王之先，九皇与三皇不并存，及此又序九皇于三皇先也。《雒书》："三皇号九头纪，人皇兄弟九人。"韦昭说："人皇兄弟九人，所谓九皇。"张晏说："三皇之前有人皇九首。"《通卦验注》说："遂人即人皇。"此是以三皇即九皇，而伏羲、神农之前别有三皇也。或又别遂皇、遂人为二。凡此皆欲调处九皇、三皇为一说，牵合以成义，遂致触处皆难通也。《命历序》诸书云："天地初立，有天皇、地皇、人皇。"而以遂人、羲、农为后之三皇。三皇之外，复有三皇。则五帝之外，宜复有五帝，岂黄帝、尧、舜之前，又别有苍帝灵威仰、赤帝赤熛怒、黄帝含枢纽、白帝白招矩、黑帝叶光纪，亦实有其人，而尝王天下耶？《通卦验》云："太皇之先，与耀合元。"郑注："耀魄宝，北辰帝名。"《帝王世纪》言:"天地开辟,有天皇氏、地皇氏、人皇氏,或冬穴夏巢,或食鸟兽之肉,天皇大帝曜魄宝,地皇为天一,人皇为太一。"夫北辰惟一曜魄宝,而此又益之以天一、太一。《始学篇》又以天皇号天霱,不曰曜魄宝,其说又更妄也。自是历魏晋以下,徐整、任昉又采俗说作为盘古之名,语益荒唐。赵宋而后,述史者莫不首盘古而次以天地人皇,最为戏论,何其迷妄不谕,乃至如此。《庄子》谓:"昔者容成氏、大庭氏、伯皇氏、中央氏、栗陆氏、骊畜氏、轩辕氏、赫胥氏、尊卢氏、祝融氏、伏羲氏、神农氏,当是时也,民结绳而用之。乐其俗,安其居,邻国相望,鸡犬之音相闻,民至老死而不相往来。"既曰邻国相望,则十二氏若并世诸侯然,不必悉先后相承,而似为部落之峙立也。《商君·画策》言:"昔者昊英之世,以伐木杀兽,人民少而木兽多。"《韩非·五蠹》言:"有巢氏构木为巢以避群害,燧人氏钻燧取火以化腥臊。"是北人言其上世之王,皆勤于功利者也。《天问》言:"女娲有体,孰制匠之?"《庄子》言:"赫胥氏之时,民居不知所为,行不知所之。"又言混沌氏、豨韦氏,是南人言其上世王者,皆慌忽而诞者也。《子思子》以"东扈氏之时,道上雁行而不拾遗,余粮宿诸亩首。"《易·系辞》首称:"伏羲通神明之德,类万物之情。"则东方言其上世王者,皆仁智而信者也。则上古部落而治之时,各长其长,各民其民,乌有所谓三皇、九皇、盘古之说哉!

二　历年世系

　　《三代世表》曰："余读《谍记》,黄帝以来,皆有年数。稽其《历》《谱谍》《终始五德》之传,古文咸不同,乖异。"盖史迁所见春秋《历》《谱谍》及张苍之《终始五德传》,并《谍记》,咸不同。则记叙古代岁年,谅有多家,而黄帝以来皆有年数可记,史迁固见其说。其作《五帝本纪》,则不记年数,夏、殷、周本纪亦然。《年表》自共和始,乃可记焉。班固《世经》,始太昊,不记年,唐、虞、夏乃有年岁可记。谓"夏后氏十七王,四百三十二岁","殷三十一王,六百二十九岁","周三十六王,八百六十七岁"。《帝王世纪》以下均用之,此固一家之言,未可据为征信也。若《韩非子·显学篇》说:"殷周七百余岁,虞夏二千余岁,而不能定儒墨之真,乃欲审尧舜之道于三千岁之前,意者其不可必。"是韩非以尧舜至周末三千余岁,与班氏所记相乖颇远也。王隐《晋书》云:"《汲冢纪年》夏年多殷。"韩非所云似与《纪年》合。《三朝记·少间》云:"禹崩,十有七世乃有末孙桀即位。成汤卒崩,殷德小破,二十二世乃有武丁即位。武丁卒崩,殷德大破,九世乃有末孙纣即位。"徐广曰:"从禹至桀十七君、十四世。"此与《史记》《世经》合。《六韬·大明》说:"禹之德流三十一世,至桀为无道,汤得伊尹,一举而放之。"与《三朝记》《世经》不合,或与《韩非子》合,而王则不可考也。今本《竹书纪年》云:"夏十七世,有王与无王,用岁四百七十一年。""商二十九王,用岁四百九十六年。"夏年不能多殷,当非古《竹书》束晳所见者。而《易纬稽览图》言:"夏年四百三十一,殷年四百九十六。"与后本《竹书纪年》合,然未足据也。《魏世家》注引荀勖、和峤并云:"《纪年》起自黄帝。"杜预、束晳并云:"自夏殷周。"盖黄帝以来皆可名夏,犹尧舜之书皆称虞夏书。或以伯夷初作史,故古史并谓之夏也。邹子曰:"虞土、夏木、殷金、周火。"《郊祀志》以为"黄帝土、夏木、殷金、周火"。并是黄帝得称虞夏之证。然韩非云:"尧舜三千年。"则虞夏二千余岁不计黄帝以来可知也。《殷本纪》正义引《纪年》:"自盘庚徙殷,至纣之灭,七百七十三年。"倘《古竹书》之实,唐人所见者尚然乎!韩非曰:"殷周七百余岁。"而此则曰盘庚至纣七百余岁,则《竹书》与韩非亦未合也。《通鉴外纪》注引作"二百七十年"。则今本《正义》言七百,或文又误也。

《世经》称《殷历》曰:"当成汤方即世用事十三年十一月甲子朔旦冬至,终六蔀首当周公五年,则为距伐桀四百五十八岁,少百七十一岁,不盈六百二十九。"《鹖子》言:"汤之治天下也,二十七世,积岁五百七十六岁至纣。"《左氏》宣三年传:"鼎迁于商,载祀六百。成王定鼎郏鄏,卜世三十,卜年七百。"《晋语》亦曰:"商之享国三十一王。"是《世经》与《左氏》合,而《殷历》反与《左氏》不合。然迩日西人说《左氏》历法,皆西汉末年之说。则《世经》《左氏》商年六百之说可疑,而《殷历》言商年四百,多与他家合,为可信也。《史记·匈奴列传》言:"夏道衰,公刘失其稷官(与桀同时),变于西戎,邑于豳。其后三百余岁,戎狄攻太王亶父;其后百有余岁,周西伯昌伐畎夷氏;后十余年,武王伐纣营雒邑;武王放逐戎夷;其后二百有余年而穆王伐犬戎;穆王之后二百有余年,申侯与犬戎攻杀幽王于骊山之下。"是史公说商年亦四百余耳。而说西周竟亦四百余年,校《鲁世家》,斯为大异。《律历志》言:"张寿王及待诏李信治《黄帝调历》,言黄帝至元凤三年六千余岁。宝长安、单安国、安陵杍育治《终始》,言黄帝以来三千六百二十九岁。"斯数说者并与《世经》不合。然以《春秋命历序》所记五帝用岁,下合韩非所说虞夏之年,则张寿王六千余岁之说,不几于有证欤。

《前汉书·律历志》言:"《春秋》《殷历》皆以殷、鲁自周昭王以下亡年数,故据周公、伯禽以下为纪。"然以《三统历》校《鲁世家》,炀公六年,《三统》以为十六年;献公三十二年,《三统》以为五十年;武公九年,《三统》以为二年。

然以《三统》都数推之,《三统》以为炀公十六年,应是六十年;武公二年,应是九年。则《三统历》长于《鲁世家》七十二年。《孟子》说:"由周而来,七百有余岁也。"赵岐注:"七百有余岁,谓周家王迹始兴,太王、文王以来。"孟子去齐,在燕人畔之后,当周赧王三年己酉。以《三统历》计之,上至周武王伐殷己卯,则八百一十一年;再益以太王、文王之年,显非七百余岁。除去刘歆误衍之七十二年,实得七百三十九年,则《孟子》书与《鲁世家》合。盖《鲁世家》本之鲁史,而孟子邹人,邹鲁所传自合故也。《孟子》曰:"尧舜至于汤,五百有余岁;由汤至于文王,五百有余岁;由文王至于孔子,五百有余岁。"此并邹鲁所传,异于众家之说者也。韩非说"虞夏二千余岁,殷周七百余岁",与《竹书》所谓"夏年多殷"合。韩非则韩之诸公子,而《竹书》得之魏冢,则三晋所传又自相同也。刘道原说:"《汲冢纪年》西周二百五十七年,而《三统历》西周三百五十二年。"衍百年。《三统》既多于邹鲁所传,又多于三晋之说也,说殷年又多于《殷历》《史记》《竹书》也。《律历志》说:"前历上元泰初四千六百一十七岁,至于元封七年。"此谓前历太初,当即神农始作之《太初历》。又云:"宝长安等治《终始》,言黄帝以来至元凤三年,三千六百二十九岁。"则自前历泰初至黄帝,尚有一千一十四年,更在炎帝以前也。张寿王治《黄帝调历》,而说"伯益为天子代禹",知《黄帝历》本之晋,此《神农历》其本之楚乎!盖晋、楚、邹、鲁说前历各异,而又自相同也。

刘昭《补后汉书律历志》言:"冯光、陈晃以为获麟至汉百六十二岁。"史公《六国表》固云:"起周元王讫二世,凡二百七十年也。"史公之《表》因《秦记》,固若有征。然《始皇本纪》说:"右秦襄公至二世,六百一十岁。"征之《秦本纪》,自襄公至二世,则五百七十六岁。征之《年表》,自襄公至二世,则五百六十一岁。此三事均应本之《秦纪》,而史公一手所录,已若是其差异。史公亦谓:"《秦纪》又不载日月,其文略不具,然战国之权变,亦有颇可采者。"是《秦纪》亦如《国策》《国语》记言之书,非若《春秋》记事之书,是难据以定年岁。史公已憾其文略不具,则《六国年表》亦非有甚确之据。《始皇本纪》(《秦纪》)以为"简公享国十五年生惠公",而《索隐》称王邵案《纪年》云:"简公后次敬公,敬公立十三年,乃立惠公。"则《秦纪》之不为确史,其缺略可见也。《律历志》言:"光、晃各以庚申为非,甲寅元为是。"案历法:黄帝、颛顼、夏、殷、周、鲁凡六家,各自有元。光、晃所本,盖《殷历》元也。光、晃各有所据,非必史公独是,光、晃遂非也。

班固《汉书》云:"魏文侯最为好古,孝文时得其乐人窦公。"桓谭《新论》云:"窦公年百八十岁,两目皆盲,文帝奇之。"齐召南曰:"魏文侯在位三十八年而卒,时周安王十五年。自安王十五年计至秦二世三年,即已一百八十一年也,又加高祖十二年、惠帝七年、高后八年,而孝文始即帝位,则是二百零八年也。窦公在魏文侯时已为乐工,则其年必非甚幼,至见文帝又未必即在元年,则其寿盖二百三四十岁矣。"依此则桓谭谓之百八十岁可乎?然则据此桓谭所说窦公之年,益足证《六国年表》之不实也。刘向说:"孙卿后孟子百余年。"然韩非说:"燕王哙贤子之而非荀卿。"而孟子曰:"子哙不得与人燕,子之不得受燕于子哙。"刘向说:"苏秦、张仪以邪道说诸侯,以大贵显,孙卿退而笑之曰:'夫不以其道者进者,必不以其道亡。'"而《孟子》书曰:"公孙衍、张仪岂不诚大丈夫然哉!"斯皆足证孟子、苏秦、张仪、公孙衍、子哙、子之与荀卿时之相及,不必后百余年。《盐铁论》言:"荀卿丑秦氏之坑焚。"是荀卿亦下及秦之坑焚,皆足证获麟以来迄于汉兴,其年历不如《史记》及《三统历》之长也。

《律历志》言:"张寿王挟甲寅元以非《汉历》。"光、晁亦以甲寅元为是,则光、晁与寿王同,各有所本。《前汉书·律历志》言:"寿王历乃太史官《殷历》也。"则光、晁、寿王与《殷历》同。延光元年,谒者亶诵上言:"当用《命历序》甲寅元。"《晋书·律历志》姜岌称《命历序》曰:"孔子为治《春秋》之故,退修殷之故历,使其数可传于后。"则《命历序》固亦甲寅元而殷之故历也。则张寿王黄帝至元凤三年六千余岁之说,与《命历序》五帝各十数世、数百千年之说通。《殷历》商人享国四百五十八岁之说,亦有合于韩非殷周七百余岁之说。韩非虞夏二千余岁之说,亦可取证于《六韬》夏有天下三十一世。冯光所言,则《周历》固短可知。转展证成，黄帝以来之年，说若可求。黄帝、《殷历》，尚略相近；而《世经》之说，于古无征。《后汉书·律历志》尚书令忠言："五纪论推步行度，当时比诸术为近（刘向作），然未稽于古，及向子歆欲以合《春秋》，横断年数，损夏益周，考之表记，差谬数百。"则《殷历》所传，自为信说，《竹书》、韩非皆足取征。自刘歆横断年数，损夏益周，而五帝、三王用岁乱也。班固《世经》即本之刘歆《三统历》，自为妄书，不足为据。《晋书·律历志》亦云："刘更《三统》，以说《左传》，辩而非实，班固惑之，采以为《志》。"则刘歆颠倒五经，毁坏师法，不又增一证耶！独《左氏》言殷周之年足为歆证，岂亦其处者为刘氏一言之比乎？张寿王言："历者天地之大纪，上帝所为传，黄帝调律历，汉元年以来用之，安得五家？"是《殷历》之人，自以所传为古法，不信有五家历，以为皆妄作也（《秦历》用甲寅元）。本师仪征刘生谓："何休《公羊》用《殷历》。"又曰："《三统》独协于壁经，殷术恒通夫纬候。"则与《三统》抗衡者独为《殷历》，治今古学者宜各知所尚也。惜蒙不谙推步，未能深究，多能君子，倘论而谕之则幸也。

《韩诗外传》云："孔子升泰山，观易姓之王，可得而数者七十余氏，不可得而数者万数。"《管子·封禅》云："古者封泰山、禅梁甫七十有二家，而夷吾所记者十有二焉。昔无怀氏封泰山、禅云云，宓牺氏封泰山、禅云云。"无怀已在伏羲之先，乃其前更有六十代，乃至万数。《庄子》亦言:"易姓而王,封太山、禅梁甫者,盖七十有二代,其有形兆垠堮者,千八百余所。"持此以较伏、郑、宋、谯诸家之说,则古代年世之远颇可想见,惟载籍不详耳。《庄子·胠箧》称:"古之王者,有容成氏、大庭氏、柏皇氏、中央氏、栗陆氏、骊畜氏、轩辕氏、赫胥氏、尊卢氏、祝融氏、伏羲氏、神农氏。"《商君书》有昊英氏,韩非书有有巢氏,《吕氏春秋》有朱襄氏、葛天氏、阴康氏,《管子》书有无怀氏,此数十家殆皆易姓之王,三皇之间、三百姓中,帝王之可言者,而他则湮灭不可考也。《命历序》有黄神氏、狌神氏、辰放氏、离光氏,《洛书》有次民氏,《庄子》书复有冉相氏、浑沌氏、豨韦氏,《鹖冠子》有成鸠氏,《亢仓子》有几蘧氏,《子思子》有东扈氏,凡他《山海经》诸书所言诸氏,不可胜纪,皆古易姓之王,特年世先后不可具知。《路史》自谓得《金壶》之书,然文无所取证,其说可疑。要皆《三坟》之例,杂取古书以为文。《汉书·人表》盖即本《庄子》群书之文,列十九氏于羲农之间;《六韬·大明》即剿袭班氏之说,《帝王纪》因《人表》之文,遂又谓自女娲以下皆袭包牺之号者(《遁甲开山》亦然),是可谓勇于傅会也。至炎帝以下始有年世可纪,而世多又合炎帝于神农,异于谯周之书,与《管子》所称亦不合。齐,姜姓之国而炎神之裔,《管子》说"神农封泰山、禅云云,炎帝封泰山、禅云云",析为二家,盖本其先世旧说,较可信耶!

　　《命历序》自炎帝、黄帝、少昊、颛顼、帝喾,皆各传十数世,各数百千年。而马迁作《史记》,采《世本》《国语》为世表,言其系姓,五帝以来皆黄帝子孙,悉可表见,与诸旧说不同。《三国志·秦宓传》言:"宓辨五帝非一族。"其说显与史迁违也。若迁之书,自相牴牾者,亦复太多。自黄帝至尧五世,而至舜则九世。舜盖尧群从玄孙属也,则二女之妻,不几于嬻姓乱序乎?自颛顼至舜七世,至禹才三世耳。尧、舜、禹时则相及,而言世则相去已远,则三代世系之不足据,事甚明凿。《夏本纪》言:"鲧之父曰帝颛顼。"《律历志》引《帝系》曰:"颛顼五世而生鲧。"则《史记》之多所遗漏,诚不容讳。《五帝本纪》言黄帝子:"其一曰玄嚣,是为青阳。"《世本》宋衷注说:"玄嚣青阳,是即少昊。"《帝王世纪》说:"少昊帝名挚,字青阳。"《左传》昭十七年传郯子曰:"我高祖少昊挚之立也"。是少昊帝挚即青阳。而《律历志》引《考德》则谓"少昊曰清",清者黄帝之子青阳也,其孙名挚,则挚又不得为黄帝子也。《五帝本纪》言:"自玄嚣、蟜极,皆不得在位。"然群书言少昊帝则又何耶?且即迁书言之,其自为牴牾亦复不少。在《世表》曰:"蟜极生高辛,高辛生帝喾。"放勋、契、后稷,并高辛子。在《本纪》则高辛即帝喾,帝喾生放勋,其自为违异。若是者多,不能缕举,则据迁书为典要难也。抑少昊氏有天下,其后有帝挚,高辛有天下,其后有帝喾。杜预说"帝鸿为黄帝",而干宝言"鸿黄世及",是亦黄帝有天下,其后有帝鸿,斯则又转足以证《命历序》之说为可质信也。《古史考》说:"按《国语》云:'世后稷以服事虞夏。'言世后稷者,皆是失其代数也,若以不窋亲弃之子,至文王千余岁,惟十四代,实亦不合事。"谯周盖据《三代世表》,黄帝至纣四十六世,黄帝至武王才十九世,时代相同而传世则相差倍蓰,故疑史公所序为遗佚,未足征也。《毛诗正义》申之云:"虞及夏殷共有千二百岁,每世在位皆八十年,乃可充其数耳。十五世君,在位皆八十许载,子必将老始生,不近人情之甚。"则《周本纪》之差误,谅无疑也。《吴越春秋》言:"公刘避夏桀于戎狄。"明公刘与桀同时。《鬻子》言:"汤治天下得伊尹、庆节。"明公刘子庆节与商汤同时。《世本》言:"不窋生鞠,鞠生公刘。"是不窋显非亲弃之子。娄敬说:"周自后稷封邰,十有余世,公刘避桀居豳。"则自弃至公刘,已十余世,汉初固有其说,马迁之误,可以知也。《周语》太子晋曰:"自后稷之始基靖民,十五王而文始平之,十八王而康克安之,其难也如是。"又卫彪傒见单穆公曰:"昔孔甲乱夏,四世而殒。元王勤商,十有四世而兴,帝甲乱之,七世而殒。后稷勤周,十有五世而兴。"《史记》言:"公刘复修后稷之业,周道之兴自此始。"所谓后稷勤周、始基靖民,谓公刘非谓弃也。班固《古今人表》:公刘子庆节,庆节子皇仆,皇仆子差弗,差弗子毁隃,毁隃子公非,公非子辟方,辟方子高圉,高圉子夷竢,高圉子亚圉,亚圉弟云都,亚圉子公祖,公祖子太王亶父,亶父生王季,王季生文王,所谓十五王也。《世本》亦

二 历年世系 ·19·

有公非、辟方、高圉、侯侔、亚圉、云都,与班固同。独《周本纪》言公非卒、子高圉立,高圉卒、子亚圉立,亚圉卒、子公叔祖类立,无复辟方、侯侔、云都。盖史迁以不窋亲弃之子,而鞠,而公刘,自弃而文十五王,益者三人,故损亦三人。《帝王世纪》乃以公非字辟方,云都为亚圉字,又瞽说之不足辩者也。史迁于后稷封邰后十余世,不能详序,公刘以下,又割裂如此,则他之不足据,又可知也。《殷本纪》:昌若卒,子曹圉立,曹圉卒,子冥立。而《祭法》疏引《世本》云:"遭圉生根国,根国生冥。"是《殷本纪》亦视《世本》少一世也。祭公谋父曰:"昔我先王,世后稷以服事虞夏,及夏之衰也。弃稷弗务,我先王不窋用失其官,而自窜于戎狄之间。"韦昭以夏衰为太康失国,则不窋即弃子,而公刘必须不窋之子审矣。

谯周《古史考》说:"契生尧代,舜始举之,必非喾子,以其父微,故不著名。其母有娀氏女,与宗妇三人浴于川,玄鸟遗卵,简狄吞之,则简狄非帝喾次妃明也。"又曰:"弃为帝喾之胄,其父亦不著。"是谯氏深信《玄鸟》《生民》之诗,执五帝感生之说。史公于《世表》则契、弃皆帝喾之子,《殷、周本纪》则不言有父,惟称"玄鸟堕其卵,简狄取吞之,因孕生契";"姜嫄见巨人迹,践之,而身动如孕者,则生弃"。是史公于《世表》则从《世本》,于《本纪》则从《诗传》,亦不孤信《世本》也。本师仪征刘生曰:"稷、契为帝喾子,恐不足信。盖上古人民,知有母不知有父,故一则托言吞燕卵而生,一则托言履人迹而生。至于汤祖帝喾,文武亦祖喾者,由于得天下后之饰词,犹之汉高祖自称尧后也。如以稷、契为帝喾子,何以《史记》只言帝喾娶陈锋氏、娵訾氏,而不言其娶有娀氏、姜源哉?如以帝喾为稷、契之父,何以殷周二代行禘天之礼,以天为始祖所自出,而托为无父而生之说哉?"斯则《世本》之说,本不足据也。张夫子问褚先生曰:"《诗》言契、稷皆无父而生,今按诸传记咸言有父,父皆黄帝子也。得无与《诗》谬乎?"斯则先汉经师,固已守经义以非传记也。今据诸纬书《诗含神雾》言:"大人迹出雷泽,华胥履之生宓牺。"《钩命诀》言:"任己感龙生帝魁(炎帝也)。""附宝出降大霓生帝宣。"《含神雾》言:"瑶光如蜺,贯月正白,感女枢生颛顼。"《合诚图》言:"赤龙与庆都合,有娠生尧。"《宋书·符瑞志》言:"握登见大虹,意感而生舜。"《帝命期》言:"修己见流星,意感而生禹。"斯则与《生民》《玄鸟》之诗,同条共贯,上世帝王并感生无父,不独稷、契为然也。则《世本》之说,根本与今文家不符;《命历序》《含神雾》各篇,皆守今文师法,自相扶同。郑玄、谯周皆信《生民》《玄鸟》之诗,共言五帝三皇传世之远,诚能执《诗传》以为衡,知上世皆托为感生无父之说,则于《世本》众家所说之纷纭缴绕,如斩乱丝,廓清摧陷而无遗也。

三　上古开化

《尔雅·释地》言:"中有岱岳,与其五谷,鱼盐生焉。"以岱岳为中,而以医无闾为东,斥山为东北,霍山为西,华山为西南,梁山为南,则见上世华族聚居偏在东北,故泰山为中。东北及医无闾,则土宇固辽,而西则仅及霍太山,南及梁山,犹未及于江汉,则疆理固蹙也。又谓:"东至于泰远,西至于邠国,南至于濮铅,北至于祝栗,谓之四极。"注者谓:"濮为百濮,祝栗为涿鹿。"亦东辽而西蹙之证。而《释山》言五岳则:"泰山为东岳,华山为西岳,霍山为南岳,恒山为北岳,嵩高为中岳。"泰山不为中而嵩为中,南曰辟而及淮南之霍,东曰蹙仅及岱耳。又言:"河南华,河西岳,河东岱,河北恒,江南衡。"此五山之方域,则嵩高不为中而华为中,西及岳山,而南又更进而及沅湘之衡,则中国之中心,前后有三,以次自东北而西南,事显然也。《郊祀志》言:"昔三代之居,皆在河洛之间,故嵩高为中岳,而四岳各如其方。"则嵩高为中岳者,都河洛之事,而华山为中岳者,宅酆鄗之事,泰山为中岳者,居鲁卫之事也。《帝王世纪》言:"神农都陈,徙曲阜;黄帝自穷桑登帝位,后徙鲁曲阜;少昊邑于穷桑以登帝位,都于曲阜,于周为鲁。穷桑在鲁北,颛顼始都穷桑,后徙帝丘,于周为卫。"则上世帝王多作都于鲁。颛顼徙帝丘,葬濮阳;《水经注》:"帝喾都亳殷(在邺),葬濮阳。"帝都至是乃自鲁而徙于卫。及尧居平阳,舜居蒲坂,禹居安邑,帝都至是乃自卫而徙于晋。《货殖列传》言:"唐人都河东,殷人都河内,周人都河南。"则至是而三河为王京;文武宅酆鄗,而三辅又为王京。则上世都鲁卫而泰山为中,东土固辽;中世都三河,周世居三辅,嵩华为中,而西南辟地日广。是以五岳与王都言之,惟见我华族之自东而西,安见所谓自西而东者耶!

以五岳帝都考汉族自东而西之迹,其事已彰,再考之九州,则尤明凿。古文家说肇十有二州,解肇为始,谓尧舜始分九州为十二州。清儒江艮庭等不以为是。今文家作兆有十二州,谓不自舜始分,则唐虞以前疆土,北有并、幽,而东越海有营,东北土宇固视《禹贡》为辽。岱岳既为中央,则上古汉族聚居之地偏于东北可知也。《禹贡》,夏制也;《职方》,周制也。以二者相较,则见所谓汉族者,历三代益复西南移。以山川泽薮考之:

《禹贡》扬州北距淮,至周则淮入于青,扬虽逾江而不及淮也。

《禹贡》岱山大野在徐,至周以徐为青,而岱山大野入于兖,青北不及岱而南则逾淮。

《禹贡》《尔雅》自河东至济为兖州,而济东至海为徐,周则兖州跨济而南有岱也,东南又侵《禹贡》青州地而有潍。

古之幽州在燕北,而周以青北为幽,其川河济,其浸菑时,皆《禹贡》青州地,并侵兖州东方滨海之地,而燕北为瓯脱也。

《禹贡》荆州之地,在大别以西、汉水之东者,至周皆入于豫;《尔雅》曰:汉南曰荆州,则汉东不属于荆也。《王制》曰:自南河至于江千里而近。似又指豫州南侵而及于江也,故郑注此曰豫州域。

《尔雅》两河间曰冀州,而《穀梁》桓五年传:郑,同姓之国也,在乎冀州。是冀又南侵豫州之北而跨有河南也。此皆九州封域逐渐南移之证也。

《禹贡》豫州东有孟诸,至周而孟诸入于青,而西侵梁州汉北之地。

《禹贡》荆州大别以东、江南之地,至周遂入于扬。而西侵梁州大别以西、嶓冢以东、汉南之地。梁州之地既蹙,而雍州之西,没于戎狄,亦西南侵梁嶓冢以西之地,此又九州封域以次西移之证也。

《吕览》言九州,大同《职方》,《职方》有并州而无徐州,以徐州为青、以青为幽,而燕北为瓯脱。《吕览》有徐州,而幽州在燕,不复举并州,则是亡冀北也。《尔雅》说九州,略同《吕览》,无青州而有营州,其营固即青州,在齐而不越海也。《尔雅》尚保有燕之幽州,至周有并州而亡燕,幽州又西南移侵青、兖二州地。此皆自东北而西南之说也。

以唐虞十二州之说校之《禹贡》,则东北故地,失之者多。以《禹贡》九州疆界校之《职方》,其以次西南迁徙之迹,明如指掌。则十二州之建,其即帝都在鲁、泰山为中岳时事也。周秦而下,汉族西南徙益著。盖汉唐世之行政区划,皆黄河下游之南北为密,而黄河上游及江淮以南皆疏。宋元以来,黄河上游及江淮以南之政治区划渐密,而东北始疏。此皆可见汉族之继续日益西南进,则上古泰族之出自东方,显有其实。故方帝都在鲁,则封颛顼于高阳在开封,封帝喾于高辛在归德,后并为天子;方帝都在卫,则封尧于唐,虞幕封虞。及唐虞之间帝都在晋,封国益以西进,契稷三公,自为大国,而舜又益其土地,契封商,后稷封邰,又西进而入雍州。是上古之日益西进,而又以大国先之,则汉族之自东而繁荣于西,其事审矣。非惟汉族,即在夷狄亦多自东而西。《史记》言:"黄帝北逐荤粥,合符釜山。"知荤粥在古代之处于北。《孟子》言:"太王居邠,狄人侵之。"又曰:"太王事獯育。"则于时之荤粥已徙而西也。《逸周书·王会》以"大夏、月氏、莎车皆在北",知商时诸国并在北方,入汉则皆各徙于西极也。汉魏而下,其事尤多,王静庵《东胡考》推论之也。

三 上古开化

郑玄注《尚书》十有二州，以为"青州越海，分齐为营州，冀州南北太远，分卫为并州，燕以北为幽州"。营州既于古不属于燕而属于齐，则营青间之有海道交通，由来已久，而穷桑为上古交通之中枢可知，泰山为中央之理亦明也。《禹贡》扬州"浮于江海，达于淮泗"，则泗上至扬越，古固取道于海。《左氏》哀十年传："吴之伐齐也，徐承帅舟师自海入齐。"《国语》哀十三年：越之入吴也，"范蠡、后庸帅师自海沂淮，以绝吴路"。此亦春秋时利用海道之证，则古之必有海上交通可决也。《元命苞》言："神农图地形，脉海道。"《吕览·慎势》："神农分海上之国，有十里与二十里。"夫宿沙氏煮海为盐，固海上之国，其民自攻其君而归神农，则神农已奄有海上，其分海上之国而脉海道固宜，而海道交通之早可信也。《沟洫志》王璜言："往者天尝连雨，东北风，海水溢西南出，浸数百里，九河之地为海所渐。"则少海至汉而西南始益阔也。《水经注》张折言："碣石在海中，盖沦于海水也。昔燕齐辽阔，分置营州，今届海滨，海水北侵，城垂沦者半。"则少海至六朝而东北又益阔也。推而上之，则古代少海之小，可以想见，一苇之航，自属易事。《山海经》有幼海，有渤海，郭注："渤海，海岸曲崎头也。"此则惟成山角、威海卫及旅顺西指，足以当之。《说文》："渤，海也。一曰地之起者曰渤。"此盖古代海小，庙群岛隆起海面为土股，此所谓勃也。则渤海者两半岛间之海，而幼海者则此海口以内之海也。

中国地形,古盖北高而南低,北高则海自小,南低则《山经》以瓯闽皆在海中。入后乃北日降而南日升,曰康回冯怒,地东南倾,岂太古南方固亦高耶! 历汉唐而后南方乃日渐升。《汉志》阳羡以东惟一县,后则一大平原也。则古时北方之地形可见,而自营州越海之交通亦明也。则鲁之为走集之午道,亦战伐之中心,固事理之必然,无足怪者。盖自乐浪沿渤海以达于江淮,皆古泰族之地,而伏羲、神农皆尝都陈。曲阜则据四走之枢,西达宛丘而东达胶莱,其当交通之街路而为战伐所必争固宜。黄帝既胜于涿鹿,又胜于阪泉,然必至曲阜始登帝位,而复还都有熊,亦以得穷桑而天下定也。《尸子》曰:"燧人之世,天下多水,故教民以渔;伏羲之世,天下多兽,故教民以猎。"非时多水、时多兽也,盖燧人处旸谷、九河,栖迟海滨,故曰多水。伏羲都陈,已驰逐于大陆,故曰多兽。而泰族之初实居海上,其情亦可见也。方其居于海上,北自九河、旸谷,南至江淮;及入大陆,盖溯黄河而西走,此以五岳帝都考之,其事最显。就《尔雅·释地》九府言之,东北及医无闾及斥山,东南则会稽山,此沿海之所至也。北幽都、西霍山、西南华山及梁山,此溯黄河之所至也,则泰山之为中央审也,而昆仑又涉于神话也。《淮南·地形》既取是九山之说,又曰:"何谓六水,河水、赤水、辽水、黑水、江水、淮水。"则亦与九府并时之古说也。赤水、黑水,亦属神话,此溯河西进而言者也;江水、淮水,则遵海而南所知者也；辽水，则遵海而北所知者也。遂人出于旸谷、九河，此泰族初起于黄河入海处也。入后更南至会稽，西至华岳，乃以泰山为中，殆又伏羲以后之事。古之黄河下游，皆夹泰山南北以入于海，是泰山者河萦其西，以达于华岳，海环其东，北达医无闾，南达会稽。彼其初距河海稍远者，皆华族之所未至也。此之形势明，而泰山之为中更足见也。刘左庵师言："古代多居曲阜，故以齐州称中国，黄帝、尧、舜都冀州，则以冀州称中国。"都曲阜者，正以其为古代天下之中；都冀州，则华族日益西渐之迹也。

《沟洫志》言："禹以为河所从来者高，水湍悍难以行平地，数为败，乃酾二渠，以引其河，北载之高地，播为九河，入于渤海。"又云："荥阳下引河东南为鸿沟，以通宋、郑、陈、蔡、曹、卫，与济、汝、淮、泗会。于楚西方则通渠汉川、云梦，东方则通沟江淮。"见古水道之密，而黄河下游交通之便也。《水经》："禹塞淫水，于荥阳下引河东南以通淮泗。"是鸿沟者，固禹迹也。论者或以鸿沟为战国以来开之，然《礼》"诸侯祭其域内名山大川"，春秋鲁之三望，谓泰山、河、海也，必禹河自古南通淮泗，然后鲁得祭之也。管仲言鲁"使海于有弊"，则鲁固接于海，知亦通于河也。徐偃王率九夷以伐宗周，通沟陈蔡之间，欲舟行上国。使非鸿沟之水于古南流，则偃王何能舟行陈蔡，西至河上。《孟子》以决汝汉、排淮泗而注之江为禹功，而后人以为吴通沟江淮；浮于淮泗达于河亦禹事，而后人以为梁凿鸿沟。其误一也。文颖说:"鸿沟即今之官渡水,盖为二流,一南经阳武为官渡水,一经东大梁城即河沟,今之汴河是也。"《续述征记》云:"汳沙到浚仪而分,汳东注,沙南流。""渠水于此有阴沟、鸿沟之称。"《地理志》云:"渠水(蒗荡渠水)北屈分为二。"盖一汳水,即汴河,以东通河于泗;一沙水,即官渡水,以南通河于淮于汝。顾栋高云:其受㜑然水、出蒗荡渠之北而东注者为汳水。汳水至徐州入泗。其由蒗荡渠南流者为沙水,睢水分沙水于陈留,东南入泗,濄水分沙水于扶沟,东南入淮,而沙水则入颖、入汝、入淮。则鸿沟者诚淮北、河南诸水通沟之纲纪也。王先谦说:"济水至定陶为荷水,又至湖陵入泗,《书》曰浮于淮泗、达于菏,是其道也。其余枝渎互通,不可悉记。"盖禹之酾二渠,则漯川与莽河故渎是也。播九河则徒骇、太史、马颊、覆釜、胡苏、简洁、句盘、鬲津是也。是禹酾二渠播九河于北,为鸿沟通济、汝、淮、泗于南。《孟子》亦曰:"禹疏九河、瀹济漯而注诸海,决汝汉、排淮泗而注之江。"是亦江淮河济于古通流之证。《书》曰:"予决九川距四海,浚畎浍距川。"是禹固导畎浍之水以汇于川,又导九州之川以入于海,则古时水道之便利可知,而黄河下游支渠交灌之情亦明也。又征之《禹贡》九州之贡道,于兖州则曰浮于济漯、达于河;于青州则曰浮于汶、达于济;于徐州则曰浮于淮泗、达于河;于扬州则曰沿于江海、达于淮泗;于荆州则曰浮于江、沱、潜、汉,逾于洛,至于南河;于豫州则曰浮于洛,达于河;于梁州则曰浮于潜,逾于沔,入于渭,乱于河;于雍州则曰浮于积石,至于龙门、西河,会于渭汭,则彼时之交通,专恃水道,又可知也。而交通之便,齐鲁为最,故齐鲁于古为军事政治商业之中心,亦遂为最古文化之发祥地也。

穷桑之地,外则溟渤环其东,内则黄河枝渎萦其西,遂成为政治交通之中枢。孟子以鸡鸣犬吠相闻为齐颂;孔子适卫而叹其庶矣哉;吴起以荆所有余者地也,所不足者民也;商君亦谓秦民之不足实其土,韩魏则土狭而民众。则知黄河下游为丁户最繁之地。梁惠王以邻国之民不加少、寡人之民不加多为忧,知于时所须于民口之急,而黄河枝渎所注之域,即肩摩毂击之邦;秦楚则泰半旷土;则上古中原之所在,文化之所萃,可知也。孔子删《诗》、作《春秋》,他方则唯录大国,于鸿沟流域则小国并详,其周游所经,亦西不至秦,北不至晋,终身所徘徊者亦鸿沟流域;《孟子》亦然。此无他,三古文化之存,在此而不在彼也。而禹之治水,自四渎之外,惟弱、黑、济、洛、渭五水耳,黑之与弱,类于神话,若济、若洛、若渭,正人民之所群居,河之北、江之南、土旷民稀,故未施功耳。《拾遗记》言:"轩辕去蚩尤之凶。迁其民善者于邹屠之地,迁恶者于有北之乡,后分邹氏、屠氏。"《黄帝本纪》亦言:"迁其善者于邹屠之乡,其不善者以木械。"是向化率义者即居之邹屠,其梗顽怙恶则木械流于有北。邹屠即邹鲁也,邹鲁于上世固礼义之邦,君子之国,盖泰族之走集而文明之泉源也。

在昔共工、女娲之战,蚩尤、神农、黄帝之战,并在东北。《尚书大传》言:"汤放桀居中野,桀南徙止于不齐,再徙于鲁。"《书序》言:"战于鸣条,夏师败绩,汤从之,遂伐三朡。"《吕氏春秋》云:"汤以戊子战于郕。"《淮南子》云:"败桀于历山。"是桀汤战处,亦在东方。武王一戎祎而天下定,伐奄则三年然后讨其君。三代之间,黄河下游,犹是喋血地也。《苏秦传》言:"韩守成皋,魏塞午道。"《张仪传》言:"秦军塞午道,齐师渡清河。"《楚世家》言:"夜加即墨,顾据午道。"说者谓在魏之东、齐之西。《索隐》云:"盖亦未详其处。"郑玄云:"午道,一纵一横,谓交道也。"则魏东齐西,至春秋战国,下逮秦、汉、吴、楚,犹是必争地。《货殖列传》言:"朱公以为陶,天下之中,诸侯四通,货物所交易也。"服虔云:"陶,定陶也。"是又陶当午道,商贾之所走集也。鲁仲连言:"裂地定封,富比陶卫。"郑玄《诗谱》言:"曹末世富而无教。"是陶卫当午道为商贾之所集,而富甲天下,又非徒为战场而已。迩者旅顺发见贝冢,《说文》言古者货贝而宝龟,凡从贝之字皆义涉财货。《史记》言:"农工商交易之路通,而龟贝金钱刀布之币兴焉。"知贝固古代之货币。而交易之繁,起于海滨,旅顺聚贝而藏,尤见泰族之往来行商于营青二州间也。故及于战国,陶犹以交易有无之路通,而为天下中,盖自昔而然也。故岱宗河海之间,固古代政治、文化、军事、商业之中心,正以其固交通之中心耳。《尔雅》:"齐,中也。"高邮王氏谓:"脐居人中,故脐从齐。"则《释地》之"距齐州以南,戴日为丹穴,北戴斗极为空桐,东至日所出为太平,西至日所入为大蒙"。盖齐州对四极言,谓中州也,则营丘之封为齐,又中央之国。《释名》:"勃,齐之中也。"则幼海之大有造于我华胄,正不待言。导沇水东流为济,济从齐,亦中央之水之谓耶!济固出乎河,而又居鸿沟、九河之间,而入于幼海者也。泰山之阳则鲁,其阴则齐,此固泰族驰骤海陆间之集中地,固文化所由产生之处也。《禹贡》于冀州曰:"岛夷皮服。"见北土之寒。于扬州曰:"岛夷卉服。"见南土之暑。而泰山之麓,服丝枲,宜桑麻,是不徒居地理之中,而又得天时之和,中国文化之产生于是,固其宜也。《国策》言:"东周欲为稻,西周不下水,东周患之,乃种麦。"《唐风》曰:"不能蓺稻粱。"《豳风》曰:"十月获稻。"《夏本纪》言:"令益与众庶稻。"《河渠书》言:"西门豹引漳水溉邺。"《滑稽传》言:"西门豹发民凿十二渠,引河水灌民田,田皆溉。"《沟洫志》言:"史起为邺令,遂引漳水溉邺,以富魏之河内,民歌之曰:'终古舃卤兮生稻粱。'"足证上世至周辙之东,北土尚有水田稻粱之利。《卫风》曰:"翟翟竹竿。"《沟洫志》言:"瓠子之决,是时东郡烧草,以故薪柴少,而下淇园之竹以为楗。"亦见卫地产竹,于汉犹盛。入后地气益变,而稻与竹之类渐绝迹于北方也。近代探险家皆言:"北极有石炭发现。"则北极于前古必系温带或热带。而探险蒙古者言:"世界大动物皆发现于蒙古一带,则最初依动物为生之人类,当亦导源于此。"美国人类学家遂谓:"北极一带,三百万年前气候极暖,哺乳动物均生于此,其后气候变冷,动物南下,或因地轴改变之故,而北极、蒙古乃以渐寒。"是北方之以渐变寒,事甚显著。中国文化之起于勃海,盛于岱宗,光大于三河,亦正彼地气候温暖中和之时也。

四　江汉民族

《祭典》曰："共工氏之霸九有也。"郑玄曰："无录而王谓之霸，在太昊、炎帝之间。"刘向曰："伏羲氏木德，共工承之以水，居木火之间，霸而不王。"而《管子》曰："共工之王。"则共工固尝王天下也。特以其行水德于木火之间，非其序也，故谓之霸，此羲农间之共工也。《国语》（鲁语）："共工氏之伯九有也，其子曰后土，能平九土。"韦昭曰："共工氏伯者名戏。共工氏裔子句龙，佐黄帝为土官。"则黄帝时共工氏之子仕于位也。《文子》曰："共工为水害，故颛顼诛之。"《史记·律书》："颛顼有共工之陈以平水害。"文颖曰："共工主水官，少昊氏衰，秉政作虐，故颛顼伐之。"《淮南子·原道》亦说："共工氏与颛顼争为帝。"是共工为少昊水官，而颛顼诛之。《周语》："昔共工氏弃此道也。"贾逵曰："共工，诸侯，炎帝之后，姜姓也。颛顼氏衰，共工氏侵陵诸侯，与高辛氏争而王。"《楚世家》曰："共工氏作乱，喾使重黎诛之而不尽，帝乃庚寅日诛重黎。"是颛顼、帝喾之间,共工氏又为乱,而高辛氏又诛之。《周书·史记解》:"昔有共工自贤,唐伐之,共工以亡。"《韩非·外储说》:"尧举兵而诛共工于幽州之都。"此尧之伐共工。《淮南子·本经训》:"舜之时,共工振滔洪水。"《荀子·议兵篇》:"禹伐共工。"此舜禹间之共工。高诱说:"共工伯于虙牺、神农之间,其后子孙任智刑以强,与黄帝之孙颛顼争位。"则共工固世为诸侯之强,自伏羲以来,下至伯禹,常为中国患。而共工固姜姓炎帝之裔也。《蜀王本纪》:"鳖灵即位,号曰开明帝,帝生卢保,亦号开明,开明帝下至五代有开明尚,始去帝号复称王也。"贾逵以"有穷历唐尧及夏,并以羿为号",则累叶共号,古固常有。自黄帝以迄于夏后,姬姓世有天下。《五帝本纪》说:"自黄帝至舜禹皆同姓。"岂姜姓常叛不服,屡起而与姬姓争为帝耶？惟世远文湮,其详颇不可稽也。

《说文》说:"神农居姜水以为姓。"则女娲后之共工,岂当时尚未有姜姓耶？郑《驳五经异义》云:"炎帝姜姓,太皞所赐也。"《周语》说:"禹治水土,共工之从孙四岳佐之,克厌帝心,皇天嘉之,祚以天下,赐姓曰姒,氏曰有夏,祚四岳国,赐姓曰姜,氏曰有吕。"或又以为周所赐吕尚姓,是姜之得姓,其说纷歧,远则太皞,近则周世,原无定说。共工霸于前,神农王于后,而炎帝继之,一姓而先后迭兴,以有天下,其族则同,其强可知。其得姓确起于何时,盖亦久而难明矣!《左传》文十八年:"缙云氏有不才

四 江汉民族

子，贪于饮食，冒于货贿，天下谓之饕餮。"贾逵曰："缙云氏，姜姓也，炎帝之苗裔，当黄帝时任缙云氏之官也。"郑玄云："三苗为饕餮。"马融曰："三苗，国名也。缙云氏之后为诸侯，盖饕餮也。"韦昭曰："三苗，炎帝之后，诸侯共工也。"（此为《国语注》文，今本《国语注》无共工二字，此从《吕刑》正义引补。）则三苗亦姜姓而炎帝之裔。《后汉书·西羌传》固言："西羌之本，出自三苗，姜姓之别也。"此盖窜三苗于三危之余孽耳。春秋有姜氏之戎亦然。韦昭曰："三苗，九黎之后。高辛氏衰，三苗为乱。"郑玄云："苗民谓九黎之裔也，九黎之君，于少昊氏衰，而弃善道，上效蚩尤重刑，必变九黎言苗民者，有苗，九黎之后，颛顼代少昊，诛九黎，分流其子孙为三国。高辛之衰，又复九黎之德，尧兴又诛之。尧末又在朝，舜臣尧又窜之。后禹摄位，又在洞庭逆命，禹又诛之。"是在前者为九黎，高辛而后乃曰三苗，固一族而炎帝之胤也。

高诱曰："蚩尤，九黎君名。"韦昭曰："九黎氏九人，蚩尤之徒也。"伪孔、马融说并同。郑玄曰："蚩尤霸天下，黄帝所伐者。"《史记》说："轩辕之时，神农氏世衰，诸侯相侵伐，暴虐百姓，而神农氏弗能征，于是轩辕乃习用干戈，以征不享，诸侯咸来宾从。而蚩尤最为暴，莫能伐。炎帝欲侵陵诸侯，诸侯咸归轩辕。轩辕乃修德振兵，以与炎帝战于阪泉之野，三战然后得其志。蚩尤作乱，不用帝命，于是黄帝乃征师诸侯，与蚩尤战于涿鹿之野，遂擒杀蚩尤。"

既曰神农氏弗能征,又曰炎帝欲侵陵诸侯,马迁殆亦疑炎农非一人,疑以传疑,史迁并述之而莫能决也。《路史》则直以蚩尤为炎帝。而应劭曰:"蚩尤古天子。"郑玄曰:"蚩尤伯天下。"则蚩尤亦伯于轩辕之时,故曰蚩尤古天子,或又尝袭炎帝之号,比于共工氏之霸也。《文子》曰:"赤帝为火灾。"《淮南子·兵略训》说:"炎帝为火灾,故黄帝擒之。"《史记·律书》说:"黄帝有涿鹿之战以定火灾。"《五帝本纪》:"黄帝与蚩尤战于涿鹿。"是火灾者蚩尤之所为,知蚩尤即炎帝也。《新书》言:"黄帝行道而炎帝不听,故战于涿鹿之野,血流漂杵。"古称蚩尤兄弟八十一人,或云七十二人。亦云:"蚩尤大夫七十二人。"宋衷曰:"蚩尤,神农臣也。"《管子》曰:"黄帝得蚩尤而明于天道。"又曰:"蚩尤为黄帝作五兵。"《越绝书》:"少昊治西方,蚩尤佐之,使主金。"马融曰:"蚩尤,少昊之末,九黎之君。"《诗谶》说:"蚩尤败,然后尧受命。"盖蚩尤之众,实繁有徒,有臣事神农者,有逐赤帝于涿鹿者,有黄帝杀之于中冀者,有为黄帝作五兵者,有佐少昊而主金者,有少昊之末而乱德者。《三朝记》又言:"蚩尤,庶人之贪者。"盖其族非一人,其传非一世,其间杰出之雄,乃宇少昊而霸中国。蚩尤既九黎之君,则亦姜姓之王天下者,又尝袭赤帝之号者也。《路史》固言蚩尤姜姓,其引《阴经》《遁甲》,亦说蚩尤为炎帝之后也。

《命历序》:"炎帝号曰大庭氏。"皇侃、熊安生又以伊耆氏即神农。《吕览·用民》称:"夙沙之民自攻其君而归神农。"高诱曰:"夙沙,大庭之末世也。"《吕览·古乐篇》高诱注:"朱襄氏,古天子,炎帝之别号。"贾逵、韦昭并云:"烈山氏,炎帝号。"郑玄曰:"厉山氏,炎帝也,起于厉山,或曰有烈山氏。"《庄子》书有赫胥氏,注者谓即炎帝,祝融亦为炎帝。服虔以大庭氏为即葛天氏(见《路史》)。则神农、炎帝、大庭、葛天、夙沙、朱襄、共工、蚩尤、九黎、三苗、伊耆、厉山、赫胥、祝融皆一族也。《庄子·胠箧》称昔者容成氏、大庭氏、赫胥氏、祝融氏,《六韬》称共工氏、祝融氏、朱襄氏、葛天氏,皆在伏羲、神农之前,则数家亦尝王于太古。高诱注《淮南·道应训》则云:"伏羲、神农之间,有共工、宿沙霸天下者。"是宿沙亦尝霸于昔时,则一族之强盛略可睹矣。

《史记·五帝本纪》:"三苗在江淮、荆州数为乱。"《淮南·修务训》注云:"三苗之国在彭蠡。"《韩诗外传》三、《说苑·君道》并云:"三苗氏,衡山在其南,岐山在其北,左洞庭之陂,右彭蠡之川,由此其险也,以其不服。"《帝王世纪》曰:"诸侯有苗氏处南蛮而不服,尧征而克之于丹水之浦。"《吕氏春秋》曰:"尧战于丹水之浦以服南蛮。"《六韬》言:"尧与有苗战于丹水之浦。"盖此族世处南服,炎帝起于厉山,《后汉书·郡国志》注引盛宏之《荆州记》:"随县地有厉乡村,重山一穴,相传云是神农所生穴也。"《史记·五帝本纪》正义引《括地志》云:"厉山在随州随县北百里山东,有石穴,曰神农生于厉乡,所谓烈山氏。"则神农固起江汉之间,北上而有天下,都于陈,又徙鲁。《周书·尝麦解》云:"昔天之初,诞作二后,乃设建典,命赤帝分正二卿,命蚩尤宇于少昊,以临四方、司百工,蚩尤乃逐帝,争于涿鹿之阿,九隅无遗,赤帝大慑。乃说于黄帝,执蚩尤杀之于中冀,名之曰绝辔之野。"盖炎帝既由陈而徙鲁,及其衰也,蚩尤侵之。《归藏》言:"蚩尤出自洋水,登九淖,以伐空桑。"本师左庵言:"洋水即汉水上游漾水也。"则神农起自荆州。蚩尤更后至,来自梁州者也。蚩尤为暴,伐空桑,炎帝则以少昊之墟界之,乃蚩尤逐炎帝于涿鹿,群书皆言黄帝杀蚩尤,《帝王世纪》则言:"炎帝戮蚩尤于中冀。"盖蚩尤强暴,炎黄联兵仅乃克之。此族兴于中国之西部,北上而入中部,遂有天下,又徙东入鲁,最后乃转入北部。曰九隅无遗,则蚩尤固奄有九有也。黄帝兴于熊耳,自别为西北民族,盖最后始兴,而能战胜西南共工炎帝之族,渐次南下,以征服神州大陆者也。

《文子》曰:"共工为水害,故颛顼灭之。"《史记·律书》:"颛顼有共工之陈以平水害。"文颖曰:"共工,水官也,少昊氏衰,秉政作虐。"是共工之为中国害,常用决水政策。《淮南·本经训》:"共工振滔洪水,以薄空桑,龙门未开,吕梁未发,江淮通流,四海溟涬,民皆上丘陵、赴树木。"南方之民习于水、多稻田,北方之民多麦田、不习于水,故炎族北侵,必决水以苦之,此所谓振滔洪水为水害也。《竹书纪年》:"帝尧十九年,命共工治河。"文颖说:"共工,水官。"是共工固长于理水。黄族而强,则共工为之治水;黄族而弱,则共工决水以侵之。《周语》太子晋曰:"古之长民者,不堕山、不崇薮、不防川、不窦泽,昔共工氏弃此道也,欲壅防百川,堕高堙庳,以害天下。"知共工之害天下,与鲧堙洪水同也。高诱《淮南·原道》注云:"共工氏以水行霸于伏羲、神农间者也。"《管子·揆度篇》曰:"共工氏之王,水处十之七,陆处十之三,乘天势以隘制天下。"是共工之决水政策得逞,俾水七陆三,以隘制黄族,则以王以霸。共工之力不竞,则黄族之水害平而共工诛,其支庶或且入官黄族之朝而代之治水,故伯禹治水而四岳佐之,此其明验也。《祭法》曰:"共工氏之霸九有也,有子曰句龙,为后土,能平九土。"此奠高山大川之效也。《淮南·原道训》曰:"九疑之南,陆事寡而水事众。"炎族北侵,利在变麦田为稻田,少昊之墟,沟渠交灌,易于决荡,以水驱敌。故炎族北侵,必自穷桑,鲁有大庭氏之库,是最古炎族北侵,亦在少昊之墟,变麦田为稻田,则黄族去而炎族至也。及禹平水土,尽力沟洫,《夏本纪》说:"令益予众庶稻,可种卑湿。"自是北人亦习于水田,而洪水之害永息也。

《周语》曰:"有崇伯鲧播其淫心,称遂共工之过。"是鲧之治水,法于共工。《书》曰:"鲧堙洪水。"《礼》曰:"鲧障洪水而殛死。"曰障、曰堙,此其遗法。盖颇为堤防,以资灌溉。其后共工之从孙佐禹治水。《淮南·本经训》说:"舜使禹疏三江五湖,辟伊阙,导瀍涧,平通沟陆,流注东海。"《孟子》书称:"禹疏九河,瀹济漯而注诸海,决汝汉,排淮泗而注之江。"则禹一反鲧之旧法,曰决曰疏,俾水由地中行。《虞书》曰:"浚畎浍。"《论语》曰:"尽力沟洫。"明治水自决江疏河外,犹有沟洫农田之事。《书传》言:"沟渎壅遏,水为民害,田广不垦,则责之司空。"而伯禹治水,实作司空,则治水为有农田之事可证,盖亦共工氏之所为也。《荀子·成相篇》言:"禹有功,抑下鸿,避除民害,逐共工。"是禹举一共工、逐一共工也。于是鸿水漏、九州干,而沧海立变为桑田;障之堙之,则桑田立变为沧海;悉由治水之人举措间耳。由炎族、黄族水事陆事之观察不同,而利害遂全相反也。《文子》:"赤帝为火灾。"盖即烈山泽而焚事。《淮南子·览冥》:"往古之时,四极废,九州裂,天不兼覆,地不周载,火爁炎而不灭,水浩洋而不息,于是女娲炼五色石以补苍天,断鳌足以立四极,杀黑龙以济冀州,积芦灰以止淫水。苍天补,四极正,淫水涸,冀州平。"《帝王世纪》言:"女娲氏末,诸侯有共工氏,任智刑以强,伯而不王。"共工之伯九有,既在女娲之世,则所谓火爁炎、水浩洋者,其即共工氏之振洪水、烈山泽事耶!《吕氏春秋·荡兵篇》说:"兵所自来者久矣,黄、炎故用水火也,共工氏故次作难矣,五帝故相与争也。"此足证上古利用水火以为战,黄、炎、共工皆用之。自女娲以讫虞夏,所谓平水害、定火灾者,皆战伐之事也。然女娲所平者仅冀州一区,而共工则奄有九有,则女娲之承伏羲,仅保冀州耳。既曰共工俶乱天常,窃保冀方,则冀州一隅,共工氏亦尝窃有之,非女娲之所能全有。至黄帝命应龙攻蚩尤于冀州之野,杀蚩尤于中冀,岂炎族北侵,先后皆仅达于九河而止?盖冀州以过,决水非易,故他族得保其地也。《楚词》曰:"康回凭怒,地东南倾。"王逸曰:"康回,共工氏之名。"《淮南子·原道》:"昔共工氏之力,触不周之山,使地东南倾,与颛顼争为帝,遂潜于渊,宗族残灭,继嗣绝祀。"《汲冢琐语》子产曰:"昔共工之卿曰浮游,既败于颛顼,自沉淮渊。"此触不周之山,盖堕高事,东南故多水,盖振滔洪水于北方,遂若地之倾于东南。潜于渊者,是其君臣泗泳而去,是洪水为人患非天灾,共工之乱息而洪水止也。

五　河洛民族

《五帝本纪》说："自黄帝至舜禹皆同姓。"此明黄帝以下，自另一族。黄帝号有熊氏，皇甫谧言："有熊，今河南新郑是也。"盖起于河洛之间，是西北民族也。而《史记》言："黄帝披山通道，未尝宁居，迁徙往来无常处，以师兵为营卫。"则西北为游猎民族，为行国也。共工能平治水土；神农教稼穑；九黎，群书或作犁，九犂、三苗，盖意均谓农稼，则西南民族为农稼民族，为居国。《帝王世纪》言："黄帝扰驯猛兽，与神农战于阪泉之野。"《史记》说："教熊、罴、貔、貅、䝙、虎。"是亦游牧民族所能之事，此两大民族，一游猎，为行国，一耕稼，为居国，累世争战，实占中国上古民族之主要部分。依《庄子》《六韬》所称，则大庭、轩辕、共工，已迭王于无怀、伏羲之前。自伏羲以来，姜氏之族又尝为患于南方，共工、神农、炎帝、蚩尤，且北上而奄有天下。今以研究便利之故，姑名此族为炎族。黄帝既败炎帝、杀蚩尤，君临北方，历五帝三代，渐奄有南土，此姬氏之族,姑名为黄族。盖《周语》尝曰:"炎黄之后也。"群书炎帝、赤帝互称,殆炎之篆文为**炎**,赤之篆文为**烾**,形近义通,则名炎族曰赤族亦可。盖西南民族面色赤铜,故曰赤;西北民族面黄,故曰黄。今暂以黄族之名代表北方游猎民族,赤族之名代表南方农稼民族耳。曰六十四姓,曰七十二姓,曰百三十三姓,中国部落时代,民族实繁,其势力相敌、对抗形势显著者,惟此二族,兹特就可考者言之耳。

曰遂人教民熟食,始王天下者;曰作网罟以田以渔,取牺牲,故天下号曰庖牺。自遂人始王,迄于伏羲,其疆域四至,群书无征,岂以游猎民族,迁徙不常,无疆域之可言耶!《春秋命历序》言:"神农始立地形,甄度四海远近,山川林薮所至,东西九十万里,南北八十二万里。"古之尺度无征,要不免于夸诞,然立国的有封疆,要始神农,则可考也。《淮南子·主术训》:"昔者神农氏之治天下也,其地南至交趾,北至幽都,东至旸谷,西至三危。"殆至神农,封域始可得而言,则其先殆皆行国,至炎族而始建居国也。"共工振滔洪水,则以薄空桑。"《淮南子》:"神农自陈徙鲁。"《帝王世纪》言:"榆冈居空桑,故《归藏·启筮》言蚩尤伐空桑,帝所居也。"炎族北侵,必走空桑,蚩尤伐空桑,赤帝则使宇于少昊,即以少昊之虚界之。蚩尤又逐帝争于涿鹿之阿。则黄族之地日蹙,蚩尤与赤帝内讧不已,遂为黄帝所乘,炎帝遂失天下。其一部缙云、蚩尤之属,遂服臣黄帝。《史记》言:"轩辕为天子,代神农氏,未尝宁居,东至于海,登丸山及岱宗,西至于空桐,登鸡头,南至于江,登熊湘,北逐荤粥,合符釜山。"《荆州记》:"顺阳益阳县东北有熊耳山,东西各一峰,如熊耳状,因以为名。齐桓公、太史公并登之,或云弘农,非也。"《括地志》云:"熊耳山在商州洛县,齐桓公登之以望江汉也。湘山在岳州巴陵县。"则熊湘江汉之南,犹为炎族割据。《新语》言:"炎帝、黄帝各有天下之半,黄帝行道而炎帝不听,故战于涿鹿之野。"此其分有中国之证。若《史记》言"黄帝合符釜山",更以见黄帝之徒足帅北方诸侯而已。《孙子·行军篇》云:"凡此四军之利,黄帝之所以胜四帝也。"《蒋子万机论》云:"黄帝初立,养性爱民,不好战伐,而四帝各以方色称号。交共谋之,边城日警,介胄不释。黄帝叹曰:'今处民萌之上,而四盗抗衡,递震于师,何以哉?'乃正四军,遂即营垒以灭四帝而有天下。"明黄帝初兴,四围皆有外族逼处,立国其如此之辛勤也。《帝王世纪》言:"黄帝凡五十二战而天下大服。"然黄帝力战经营之结果,亦仅足蹙炎族势力于江汉以南而已。蚩尤与炎帝内讧,黄帝乃得乘之;炎黄联军,始能克蚩尤;又进而克炎帝,又进而至穷桑,始登帝位,复五十二战而天下乃服,犹仅南至江汉耳。则炎族之强,又可见也。

黄族自黄帝而后,要以颛顼最为杰出。郑玄曰:"颛顼代少昊,诛九黎,分流其子孙为三国。"盖炎族自是遂不可复振也。《楚世家》言："共工氏作乱,帝喾使重黎诛之而不尽,帝乃以庚寅日诛重黎。"此亦以炎族制炎族之法,亦与黄帝之乘炎族内讧而兴,其事无异。盖一举而共工、重黎并削弱也。伯禹治水,共工从孙四岳佐之。《荀子·成相》言："禹有功,抑下鸿,避除民害逐共工。"是禹亦擢一共工而逐一共工也。黄帝南侵,仅及江汉,而颛顼更并江汉以南,以尽于海。《五帝本纪》说："颛顼北至于幽陵,南至于交趾,西至于流沙,东至于蟠木,日月所照,莫不砥属。"则疆宇始可比隆于炎帝也。《通典》曰："若颛顼之所建,帝喾受之,创制九州,统领万国。"《帝王世纪》亦以建万国、制九州为颛顼事,则建设力之强也。殆奄有南服后,制炎族之一大设施,而开中国建九州之始者也。《左传》昭十七年传郯子曰："昔者黄帝氏以云纪,炎帝氏以火纪,共工氏以水纪,太皞氏以龙纪,少昊纪于鸟。自颛顼以来,不能纪远,乃纪于近,为民师而命以民事。"亦足见古之设官命名,多荒陋、听于神,而颛顼切于实事、听于民,则可以为治理也。昭二十九年传蔡墨曰："故有五行之官,是谓五官,木正曰句芒,火正曰祝融,金正曰蓐收,水正曰玄冥,土正曰后土,后土为社,稷为田正。"文七年传："水、火、金、木、土、谷,谓之六府。"正谓此五官与田正也。《汉书·百官公卿表》说："自颛顼以来,为民师而命以民事,有重黎、句芒、祝融、后土、蓐收、玄冥之官。"应劭注："颛顼不能纪远,始以职事命官也,春官为木正,夏官为火正，秋官为金正，冬官为水正，中官为土正。"是颛顼纪于近而命以民事，即此六府是也。服虔说："少昊之前，天子之号象其德，百官之号象其征；颛顼以来，天子之号因其地，百官之号因其事。"应氏、服氏皆义符班固。《夏书》："六府孔修。"则历虞夏尚循六府之政，而师颛顼之制也。孔疏及近儒黄以周亦并谓五官是颛顼之官，《帝王世纪》以五行之官属之帝喾，非也。《楚语》曰："少昊之衰，九黎乱德，民神糅杂，不可方物，颛顼受之，乃命南正重司天以属神，火正黎司地以属民，使复旧常，无相侵渎。"是重黎六府，果创自颛顼，而颛顼之脱离神道、纪于民事，乃正以绝炎族也。《吕刑》："皇帝哀矜庶戮之不辜，遏绝苗民，无世在下，乃命重黎，绝地天通，罔于降格。"郑义以皇帝为颛顼也，则谓炎族衰于颛顼，亦无不可。下迄唐虞，炎族支庶益多，或叛或服。许慎说："缙云相黄，共承高辛。"则缙云、共工，已仕于黄帝、帝喾之朝。韦昭说："共工从孙为四岳之官，掌帅诸侯，助禹治水。"是至太岳佐夏，命以侯伯，而南人遂不复反也。

凡六经百家皆美称尧舜禅让，而高辛、高阳之受国若何，则无确说。《白虎通义》言："五帝无有天下之号何？五帝德大能禅，以民为子，成于天下，无为立号也。或曰：帝喾有天下号曰高辛，颛顼有天下号曰高阳，黄帝有天下号曰有熊。"班氏之并存二说，曰禅、曰非禅，莫可决也。而《吕氏春秋》曰："五帝固相与争也。"苟五帝亦禅让得

五　河洛民族

之,则又何独尧舜为可称;若以征诛得之,则五帝圣人,岂能涂炭苍生以攘大位？夫既曰:"少昊氏衰,九黎乱德,颛顼代昊诛九黎。"(郑玄说)"颛顼氏衰,共工侵陵诸侯,与高辛氏争而王。"(贾逵说)"高辛氏衰,三苗又为乱,尧诛之。"(韦昭说)夫既曰某某氏衰,则其为后嗣末世可知也。则《命历序》说:"炎帝号大庭氏,传八世,合五百二十岁。黄帝一曰轩辕,传十世,一千五百二十岁。次曰帝宣,曰少昊,一曰金天氏,则穷桑氏,传八世,五百岁。次曰颛顼,则高阳氏,传九世,三百五十岁。次是帝喾,即高辛氏,传十世,四百岁。"至五帝各传数十世,或数百千年,与三代代兴,其事无异。盖每际黄族中微,而炎族又起而乘之,更互而王。《周语》称:"王无亦鉴于苗黎之王。"则颛顼以来,九黎、三苗固称王也。五帝之有天下,其皆诛绝炎族以得之耶！自伏羲以来,有共工之王,宿沙之霸,至神农而王,至炎帝而王,蚩尤又霸,轩辕之前则如此,轩辕之后复如彼,则二族迭雄,略可见也。诸书皆言共工之霸,《管子》独以王言之。谯周以炎农为二人,亦取证于《管子》。纬书独有五帝各数百年之说,郑玄、谯周采用之,纬书,齐学也,管子,齐人也,将炎族所传独与黄族异耶！《史记》曰:"于是《秦策》出焉。"《风俗通》曰:"《秦谶》出焉。"《史记·鵩鸟赋》言"策言其度",《汉书》作"谶言其度",则谶书即古之策书,所谓名在诸侯之策,是诚旧史,其说要可信也。

共工、三苗、伯鲧三人为一朋以抗舜,舜诛四凶而野死苍梧,则伯禹与三苗之故耶!伯禹治水而共工从孙四岳佐之,长帅诸侯,佐禹治水,命以侯伯,盖炎黄二族,以是之故,和乐日臻,自禹之后,共工、黎、苗无复争乱。禹合诸侯于涂山,又合于会稽,皆深入江淮以南。《吴越春秋》:"禹巡天下,登茅山以朝群臣,乃大会计,更名茅山为会稽山,亦曰苗山。"盖即苗族之巢穴也。于是姜姓而国于北,姬姓而国于南,不可胜计,炎黄二族,遂渐混为一家。《虞书》曰"窜三苗于三危",又曰"分北三苗",见苗民之携贰也。《夏书》曰:"三危既宅,三苗丕叙。"见苗民之融洽也。是尤炎黄二族,至夏遂和辑之验。自炎黄以迄唐虞,始则南北二族,文化各殊,及接触既久,渐以孕育新文化。及于伯禹,遂大成熟,而灿然有辉。风、姜、姬氏,融和为一,统曰诸夏,以别于四夷未进化之族。穷桑、质沙、共工、轩辕民族之名,皆晦而莫见,合诸小民族为一大民族,即以伯禹朝代之名,为此种民族之名,以别于四围蛮野之民族,此固华夏之名所由起耶。

六　海岱民族

郑玄注《通卦验》云："遂人，风姓也。"而伏羲、女娲亦风姓。盖炎黄二帝之前，王中国，风姓为独多耶！《左氏》僖二十一年传："任、宿、须句、颛臾，风姓也，实司太昊有济之祀，以服事诸夏。"太昊之胤，胥国于济沇之间，知风姓诚东方之民族也。《命历序》言："自开辟至获麟分为十纪，一曰九头纪，二曰五龙纪，又曰人皇九头，提羽盖，乘云车，出旸谷，分九河。"《易纬注》："遂人谓人皇。"而旸谷、九河并东方地，是遂人九头之出于东方可证也。又云："皇伯、皇仲、皇叔、皇季、皇少，五姓同期，俱驾龙，号曰五龙。皇伯登出榑桑日之阳，驾六蜚龙，次民氏没，辰放氏作，渠头四乳，驾六蜚麟，出地郯，治二百五十岁。"宋均注："辰放，皇氏屈之名也。"则次民为皇伯登之名也。又曰："昔辰放治世，离光次之，号曰皇覃，锐头日角，驾六凤凰，出地衡，在位三百五十岁。黄神氏，或曰黄袜，黄头大腹，号曰皇次，驾六蜚麏，三百四十岁。狘神氏次之，号曰皇神,出长淮,驾六蜚羊,政三百岁。五叶千五百岁。"文多脱落,不可具知,要此盖五龙纪之五皇也。皇伯登出榑桑日之阳,皇次屈出地郼,《说文》"郼,海也"。皇神出长淮,是五龙之世,亦立国海渤江淮之间,而往来于榑桑者也。九头五龙胥往来于旸谷榑桑,而散布于郼于淮,谅亦沿海岸线而蕃殖者。《遁甲开山记》说:"石楼山在琅琊,昔有巢氏治此山南。"明遂古之王者,多在东方沿海一带,故《易》曰:"帝出乎震。"正以此也。《史记》云:"泰帝兴,神鼎一。"师古曰:"泰帝即太昊伏羲氏。"《史记》又云:"太帝使素女鼓五十弦瑟,悲。"《正义》以"太帝即太昊伏羲氏"。《庄子》曰:"有虞氏不及泰氏。"是亦指太昊言也,古又谓之苍帝。今姑名此海岱民族为泰族,亦犹江淮民族以炎帝而姑名为炎族,河洛民族以黄帝而姑名为黄族也。

郑玄注《易纬通卦验》云:"遂人谓人皇。"《路史》注引《春秋纬》云:"天皇、地皇、人皇,兄弟九人,分长天下。"明人皇即遂人,而始王天下者。自《春秋命历序》以下皆言:"天皇十二头,被迹在柱州昆仑山下;地皇十一头,兴于熊耳、龙门山;人皇九头,出旸谷,分九河。"《春秋繁露》言:"三皇抵车出谷口。"是又不独人皇为出谷口,而天皇、地皇亦出旸谷而西徙。则天皇治乎西鄙,地皇长于中都,人皇帅于东部,风姓之族先于炎黄二族居于中国,当即为中国旧来土著之民,自东而西。九州之土,皆其所长。及其后世,炎族起于西南,黄族起于西北,而风姓之国夷灭殆尽。逮于春秋,惟任、宿、须句、颛臾四国而已。而海岱之间,实为其根据地。故伏羲陵在山阳,女娲陵在任城,方其盛时,势力西渐,熊耳、昆仑皆入版籍,故曰被迹在柱州。《含神雾》说:"遂人之世有大人迹出雷泽,华胥履之生宓牺。"郑玄云:"雷夏,兖州泽。"《水经注》:"雷泽在成阳故城西北十余里,昔华胥履大人迹处。"(《帝王世纪》以下误成阳为成纪,故或言在汉阳、在陇西,误矣。)而伏羲都陈,亦泰族西渐之迹。离光氏出地衡,岂亦泰族南侵及于湘沅之证。及其衰微,惟退保有济而已。炎黄二族之民,于文化各有造制,淳于俊说:"伏羲因遂皇之图以制卦。"则遂人以来亦有创述。夫创作者,本非一人一时之所能大就,而言古史者均以创作之功归之羲、农、黄帝三人者,殆以三人者于族中最为杰出,泰族之所创作,悉以归之伏羲,炎族之所创作,悉以归之神农,黄族之所创述,悉以归之黄帝耳。

《五经通义》言:"王者受命易姓,报功告成,必于岱宗。"《白虎通义》言:"王者易姓而起,必升封泰山何?教告之义也。"岂以少昊之墟,为遂古得失天下之决战地,故占有鲁地者即为易姓之王,必刻石纪功于泰山耶!《魏书》言:"乌丸之俗,以死者神灵归乎赤山,如中国人以死者之魂神归泰山也。"泰山为死者魂神所归,盖亦少昊之墟,为古代群雄决战地之明证。盖海岱之间,为泰族之根据地,而群雄角逐之场,据有泰山者即有天下,行封禅以明得意耳。况复炎族北侵,必经穷桑,三族接触,于此最繁,地虽偏于海隅,而实为政治战争中心也。观共工振滔洪水,以薄空桑,蚩尤又伐空桑,神农自陈徙鲁,鲁有大庭氏之库,是在昔为大庭之都,有巢氏治石楼山在琅琊,皆足见东方固政治战争之中心,为上世我先民之所聚处,河洛之繁荣乃在后,远不足与侔也。夫旸谷、扶桑,固九夷之居,即徐土淮濆,亦东夷地,而此谓泰族实往来海上、游居于斯者。《五帝本纪》言:"舜耕历山,渔雷泽,陶河滨,作什器于寿丘,就时负夏。"此皆泰族走集之地,悉在海、岱、河、济之间。而《韩非·难一》谓:"东夷之陶者器苦窳,舜往陶焉,历山之农者侵畔,舜往耕焉。"则河济之间,尚为东夷地,而况扶桑、嵎夷之际?《孟子》曰:"舜生于诸冯,迁于负夏,卒于鸣条,东夷之人也。"则凡舜所耕稼陶渔,皆东夷地,舜且东夷之人也。《史记》:"吕尚者,东海上人。"《国策》言:"太公望,齐之逐夫,朝歌之废屠,子良之逐臣,棘津之雠不庸。"而《吕氏春秋》言:"太公望,东夷之士也。"亦北至棘津、西至朝歌,皆东夷之地,则泰族与东夷之关系,可以明也。《左氏》昭四年传:"夏桀为仍之会,有缗叛之。商纣为黎之蒐,东夷叛之。"注者谓均是东夷国,而仍即风姓之任国,则泰族与东夷同支,进化或为先耳。而东夷则仍保其椎朴,是负夏、河滨、雷泽亦东夷之居,扶桑、旸谷、嵎夷亦泰族往来之地,泰族、九夷,要之盖一族也。

范蔚宗说:"东夷有九种:曰畎夷、于夷、方夷、黄夷、白夷、赤夷、玄夷、风夷、阳夷。昔尧命羲仲,宅是嵎夷,曰旸谷,盖日之所出也。赞曰:宅是嵎夷,曰乃旸谷,巢山潜海,厥区九族。"皇侃说:"九夷:玄菟、乐浪、高丽、满饰、凫臾、索家、东屠、倭人、天鄙。"范说别其种,皇说别其地,皇亦据《后汉书》以海东为九夷。《前汉志》说:"孔子悼道不行,设桴于海,欲居九夷。"是亦以海东为九夷。皮鹿门以《尧典》之宅嵎夷,《史记》作郁夷,《毛诗》之周道倭迟,《汉书》作郁夷,则嵎夷、郁夷、倭夷一也。而三岛三韩,皆我先民游处之地,此《尔雅》所谓东至于泰远者也。是北自嵎夷,经齐之海嵎,而南至封嵎之山,莫非泰族同支聚处之地,后遂沦陷不属于我也。《说文》以嵎夷在辽西,岂以后日益西徙,乃举东方地而委之,遂以辽西为嵎夷耶?《尚书》"宅嵎夷曰旸谷",而遂皇出旸谷分九河,嵎夷在辽西,九河在兖州,则旸谷可求也,盖即幼海之滨者近是。而《海外东经》《大荒东经》并云:"汤谷上有扶桑。"则扶桑又当于汤谷上求之,则三韩正是扶桑之地。《南史·东夷传》慧深云:"扶桑国贵人第一者为对卢,第二者为小对卢。"《三国志》说:高句丽"其置官有对卢"(《旧唐书》:"高丽其官大者号大对卢")。慧深说:"扶桑之俗,其婚姻则婿住女家门外作屋,相说乃成婚。"而《三国志》言:"高丽其俗作婚姻,女家作小屋于大屋后,名婿屋。"斯足验高丽之事,同于扶桑,则高丽亦扶桑也。西人希勒格证扶桑即今之桦太,是三韩迤东,皆古所谓扶桑也。《说文》言:"日初出东方汤谷,所登扶桑叒木也。"则汤谷更在扶桑之东,则汤谷、扶桑,括地最广,皆昔为九夷之居,而我先民同支所游处也。《后汉书·东夷传》:"高驹丽,其国东有穴,号曰燧神,以十月迎而祭之。"将即出自汤谷、扶桑之人皇遂人耶?《左氏》昭十七年传:"宋,大辰之虚也;陈,太昊之虚也;郑,祝融之虚也;卫,颛顼之虚也。"中国王者,古无大辰,而《三国志·东夷传》谓:"辰韩,古之辰国也。"《后汉书》:"三韩七十八国,各在山海间,地合方四千余里,东西以海为限,皆古之辰国也。马韩最大,共立其种为辰王。"辰之号沿自古昔,与宋为大辰,倘有关耶!

《帝王世纪》言:"少昊氏自穷桑登帝位,后徙曲阜,于周为鲁,穷桑在鲁北,或云穷桑即曲阜也。黄帝自穷桑登帝位,后徙曲阜。"干宝言:"征在生孔子于空桑之地,在鲁南山之穴。"高诱注《淮南》云:"空桑,地名,在鲁。"此皇甫安"穷桑即曲阜"之说也。《思玄赋》旧注云:"少昊居穷桑,在鲁北。"此皇甫"穷桑在鲁北"之说也。《东山经》云:"空桑之山,北临食水。"此鲁之空桑。《北山经》云:"空桑之山,空桑之水出焉,东流注于滹沱。"此赵之空桑。而郭璞于此注云:"上已有此山,疑同名。"则《山经》共有三空桑,而今本逸其一。《古史考》言:"伊尹产于空桑。"倘又更一空桑也。则地之得空桑名者实广,亦犹扶桑。《启筮》云:"空桑之苍苍,八极之既张,乃有夫羲和。"又曰:"羲和之子,出于旸谷。"则空桑亦距旸谷。曰苍苍,曰八极,则空桑自属旷野平陆。自赵之空桑以及于鲁之空桑,凡兖州桑土之野、徐州蒙羽之野、临乎旸谷之上者,皆得空桑之名。旸谷而东曰扶桑,即榑桑,西曰空桑,即穷桑,汤谷、扶桑、空桑,三名皆括地最广可知也。伏羲作琴瑟,为网罟,宜泰族于古即能用桑,故兖州曰桑土。《卫风》曰桑田、曰桑中、曰桑落,皆卫地宜桑之证。曰扶桑、曰空桑,知亦业桑之谓也。穷桑之地既广,则黄帝、少昊之自穷桑徙曲阜,谓自北地穷桑来也。《世本》言:"周公居少昊之虚,炀公徙鲁。"是周公初封亦不在曲阜。《郡国志》:"鲁国古奄国。"奄至成王始残之以封伯禽,则周公之封少昊之虚,曲阜、鲁尚为奄有,周公乌得居之。至炀公徙鲁,则以奄之灭久矣,鲁已得有其地也。《启筮》言:"蚩尤伐空桑。"《周书》言:"赤帝命蚩尤宇于少昊,蚩尤乃逐帝争于涿鹿之阿。"《淮南子》:"共工振滔洪水,以薄空桑。"女娲之世,共工以强霸,火爁炎而不灭,水浩洋而不息,亦以二渠九河之间,地居黄河下流,乃可以振滔洪水,故蚩尤、共工之战,悉在争黄河下游一带。见穷桑、少昊之虚,实二渠九河之地,为古代驰逐之场,而建都则于曲阜。盖九河水草丰美,为耕牧之乡,而曲阜负泰山,据街路,为战守之地。自遂人以来,出旸谷,分九河,以生息于斯。则中国大陆,古代人迹始居之地,可考见者即在九河。至近世

（民国十年）北京齿之发见，西人盖以人类遗骸之发见，未有古于此齿者，或言至今五六十万年，或言且百万年，最初人类之导源，且欲于中国见之，则九河之地，固东亚有人类最早之域也。昔我先民生息于斯，或东去扶桑，或南走空桑，要以黄河入海之区为泰族导源之地，及往来海上，日益频繁，又沿黄河而入中上游，而曲阜一隅，遂处天下之中，为午道，为衢路，而渐以南移，是我先民栖息九河者在遂人之时，扼据曲阜者在伏羲之后也。

北方之九夷，即此泰族也，而南方之夷可知。其在周世，徐、奄、淮夷、巢及群舒，皆所谓夷。淮夷、徐、奄嬴姓，巢及群舒偃姓，皆少昊、皋陶之胤也（八章、五章中详论之）。少昊、皋陶之后为东夷属泰族，则少昊、皋陶亦东夷为泰族也。徐偃王之仁而无权而好怪，尤与泰族之国民性合（四章中详之）。知其先后一系皆泰族也。《古史考》说："穷桑氏，嬴姓也，能修太昊之法，宗师太昊之道，故曰少昊。"则少昊诚非黄帝之子而太昊之裔也。《山海经》言："东海之外大壑，少昊之国。"是少昊固国于东海之外者。《周书》言："帝执蚩尤杀之于中冀，乃命少昊谓鸟师以正五帝之官，故曰质。"盖风姓之族，被迫于炎族，乃退出海岱之间，逊居东海之外。炎族中微，而风姓遂再济穷桑，复得重有海岱之间，并立为东帝。海岱以西，非其所有。故《五帝德》《帝系姓》不叙少昊于五帝之列，徒谓之曰穷桑帝。贾逵言："处穷桑以为帝，故天下号之曰穷桑帝。"盖其大部国土,乃在东海之外,在中国者不过海岱一隅而已。是太昊、少昊皆东方民族,有足验也。《盐铁论·结和篇》大夫曰:"轩辕战涿鹿,杀两曎、蚩尤而为帝,以战成功。"象山陈先生说:"两曎之曎当作皞,蚩尤、少昊当时同乱者,又有太昊之裔。"则于时炎族内讧,各倚外援以求逞,神农、蚩尤争称炎帝,神农说于黄帝,蚩尤亦结两昊,以战于涿鹿,而少昊、蚩尤并就屠僇。蚩尤之徒,既屈伏而为黄帝主兵,少昊之徒,亦有为黄帝帅鸟师者。《越绝书》:"少昊治西方,蚩尤佐之。"则亡国之虏,犹狼狈相依,力屈势穷,而迁逐由人者也。则称帝穷桑以战死于涿鹿者,此东方前之少昊,居西方者乃后之少昊,又别一人也。《拾遗记》说:"春皇,庖牺之别号,所都之国,有华胥之洲。"此与以华胥为庖牺母之说不同。是亦太昊之国,兼及溟海之中,故曰有华胥之洲。《论语·摘辅象》:"伏羲六佐,仲起为洲陆,阳侯为江海。"斯亦伏戏奄有海上之证,则太昊之国固亦有一部在东海中,而兼有此神洲大陆也。

七　上古文化

中国古代之文化,创始于泰族,导源于东方。炎黄二族后起,自应多承袭之。然二族固各有其独擅之文化。黄族固完美也,惟炎族较朴陋,而亦有其特殊之点可寻。惟炎族建国又先于黄族,其创制作物,黄族多承袭之,而或尸其功耳。《左传》昭二十九年曰:"有烈山氏之子曰柱,能植百谷百蔬为稷,自夏以上祀之。周弃亦为稷,自商以来祀之。"教民稼穑,神农事也,而黄族属之弃。《易》曰:"神农氏作,斲木为耜,揉木为耒。"而《世本》以为皋繇作耒耜。共工有子曰句龙,能平九土为后土,《月令》郑注以为后土亦颛顼之子,曰犁。后土为社,稷为田正,共工之子为玄冥,郑大夫子产禳火于玄冥。而少昊之子曰修、曰熙,亦为玄冥。蚩尤佐少昊主金,盖以其作五兵也。而少昊之子曰该,为蓐收,此皆见于《月令》及《左氏》书。《尚书》:苗民作五刑。而《世本》以为伯夷作五刑,神农和药济人,而黄帝传医经。《淮南子·主术训》说:"宫室起于神农。"《尚书大传》则曰:"黄帝始制上栋下宇,以待风雨。"《白虎通》说:"神农因天之时,分地之利。"《尸子》说:"神农理天下,正四时之制。"《晋书·律历志》云:"逮乎炎帝,分八节以始农功。"则纪历成岁,亦始于神农,后人亦属之黄帝。若斯之类,并是炎族创始于前,而黄族踵袭于后,而或尸其功也。《楚语》:"少昊之衰,九黎乱德,民神杂糅,不可方物,夫人作享,家为巫史,民匮于祀而不知其福,烝享无度,民神同位,祸灾荐臻。颛顼受之,乃命南正重司天以属神,命火正黎司地以属民,使复旧常,无相侵渎。其后三苗复九黎之德,尧复育重黎之后,不忘旧者,使复典之。"韦昭曰:"使复典天地之官,羲氏、和氏是也。"《淮南子·人间训》言:"荆人鬼,越人禨。"王逸《楚词序》言:"其俗信鬼而好祠。"盖犹九黎之遗风也。《管子·五行篇》:"黄帝得蚩尤而明于天道。"则禨祥历律,亦盛于炎族可知。《山海经·大荒北经》曰:"蚩尤请风伯、雨师,作大风雨。"《古今注》言:"蚩尤为大雾,军士昏迷,轩辕作指南车以示四方。"则中国妖妄之教,又出炎族,概可知也。《吴越春秋》以茅山亦曰苗山,江南山多以茅名者,祀三茅公,巫教之所祖也。岂三茅即三苗邪!夫巫固苗民遗教也。若有烈山氏之子曰柱为稷,田正也,共工氏有子曰句龙为社,后土也,蚩尤主金,盖为蓐收,共工之子为玄冥,吴回为祝融,《风俗通》说:"共工之子曰修,好远游,故祀以为祖神。"享祀之神,炎族独多,固知其为崇幽灵、信鬼神之民也。

　　班固言:"共工氏任智刑以强,霸而不王。"《缁衣》《甫刑》曰:"苗民匪用命,制以刑,惟作五虐之刑曰法。"郑玄曰:"高辛氏之末,诸侯有三苗者作乱,其治不用政令,乃作五虐蚩尤之刑,以是为法,于是民皆为恶,起于倍畔也,三苗由此见灭。"《周书·史记解》:"昔有共工自贤,自以无臣,久空大官,下官交乱,民无所附,唐伐之,共工以亡。"《吕氏春秋·恃君览》:"缚娄、阳禺、骧头之国,多无君。"注:"皆南越之夷。"《路史》引《外传》云:"玄都氏,黎国。"《周书》云:"昔玄都氏谋臣不用,龟策是从,忠臣无禄,神巫用国而亡。"《淮南子·氾论训》说:"神农无制令而民从。"《尸子》书言:"神农夫负妇戴,以治天下。"又曰:"神农并耕而王,所以劝耕也。"《孟子》书:"有为神农之言者许行,许行之言曰:'贤者与民并耕而食,饔飧而治。'"《商君书·画策篇》:"神农之世,男耕而食,妇织而衣,刑政不用而治。"则苗民之不用政令,共工氏之久空大官,皆足证其为最缺乏政治组织之民族,皆率神农之教,而又专恃刑法,崇神道,炎族之政治状况于是略可得而言也。《周语》:"昔共工氏弃此道也,虞于湛乐,淫失其身。"《书序》言:"羲和湎淫,废时乱日,胤往征之,作《胤征》。"则炎族放旷浪漫之俗,又可想见。盖中国之倡道家言者,老聃、庄周之徒,并是南人,其亦神农之遗教耶!而黄老之弊,申韩出焉,其政治见解,谓之原本炎族,亦无不可。

　　黄族之制作,试略论之,则其最特异之点,适与炎族相反。《白虎通义》谓:"黄帝始作制度,得其中和。"又曰:"黄帝始制法度,得道之中。"则黄族实为善制法度者。《淮南子》说:"黄帝治天下,明上下,等贵贱,使强不掩弱,众不暴寡,百官正而无私,上下调而无尤,法令明而不暗,辅佐公而不阿,田者不争畔,渔者不争隈,道不拾遗,市不豫贾,城郭不关,邑无盗贼。"《易》谓其"重门击柝,以待暴客"。其法治成效之卓著如此。《史记》云:"置左右太监,监于万国。"《汉书》云:"黄帝方制万里,画野分州,得百里之国万区。"盖又立步制亩,经土设井,其条理可谓致密。李靖说:"黄帝始立丘井之法,因以制兵。"盖五旗、五麾,凡阵法又皆始于黄帝。则黄族实一强武而优于政治组织之民族也。再以《易·系辞》与《世本》之说合而观之,上古结绳而治,后世圣人易之以书契,则仓颉之所作也。黄帝、尧、舜垂衣裳而天下治,则伯余、胡曹之所作也。刳木为舟,剡木为楫,则共鼓、货狄之所作也。服牛乘马,引重致远,则胲及相土之所作也。断木为杵,掘地为臼,则雍父之所作也。弦木为弧,剡木为矢,则挥及夷牟之所作也。殆并是黄帝之臣,至作指南车以克蚩尤,则尤尽工技之巧,是又见凡实用器物,又皆自黄帝始创之。若泰族之制作,其性质又别。《命历序》:"伏羲、燧人始名物虫鸟兽。"《周髀算经》说:"伏羲立周天历度。"《拾遗记》言:"伏羲审地势以定川岳。"则天文、地理、物类,皆泰族所留意者。《尸子》云:"徐偃王好怪,没深水而得怪鱼,入深山而得怪兽者,多列于庭。"则泰族者,一富于研究思考之民族也。其最特别之制作,即《易》八卦。《易》曰:"庖牺氏之王天下也,仰则观象于天,俯则观法于地,观鸟兽之文,与地之宜,近取诸身,远取诸物,于是始作《易》八卦,以通神明之德,以类万物之情。"则开发中国之文化者,胥泰族之功也。《白虎通》说:"伏羲因夫妇正五行,始定人道。"则伦纪之叙,始伏羲。故《新语》说:"民始知有父子之亲,君臣之义,夫妇之道,长幼之序,于是百官立,王道乃生。"《续汉志》云:"伏羲纪阳气之初以为律法。"《管子》说:"虙戏作九九之数以合天道。"《古史考》:"伏羲制嫁取以俪皮为礼。"《世本》说:"包牺作琴瑟,女娲作笙簧。"《拾遗记》说:"伏羲造干戈以饰武。"则礼、乐、兵器、律吕、算法,皆创自泰族。神农和药济人,黄帝传医经,然《帝王世纪》以为"伏羲画八卦,所以六气、六府、五藏、五行、阴阳、四时、水火、升降得以有象,百病之理,得以有类,乃尝百药而制九针,以极夭枉焉"。是医术亦为泰族所创。《通卦验》云:"遂皇始出,握机矩,表计宜,其刻曰:苍牙通灵,昌之成。"郑玄诸儒说:"握机矩者,言法北斗而为七政,指天以施教令,是礼迹尊卑所由兴也。表计宜者,虙羲本遂皇所作计演之图,思其所言,作八卦之象。其刻曰者,刻谓刻石而记识之。"是礼事、政令、图典、文字,又胥起于遂皇,非只钻木取火、铸金作刃之功而已。伏羲承之,又作《易象》,为律法,造甲历,制嫁娶,而文化大昌,则泰族者中国文明之泉源,炎黄二族继起而增华之;遂人者又泰族礼教之泉源,东方文化之祖也。比其同异论之,泰族为长于科学、哲学之民族,俨然一东方之希腊;炎族为长于明祆祥、崇宗教之民族,颇似印度;黄族为长于立法度、制器用之民族,颇似罗马也。《三朝记·千乘》云:"东辟之民曰夷,精以侥;南辟之民曰蛮,信以朴;西辟之民曰戎,劲以刚;北辟之民曰狄,肥以戾。"再以此三族之文化参之,其各别之特性,固彰彰甚明矣。

《大戴礼》:"倮虫之属三百六十,而圣人为之长。"此以人类出于倮虫,倮盖古初之类人猿。《抱朴子·对俗》云:"猕猴寿八百岁变为猨,猨寿五百岁变为玃,玃千岁变为人形。"《吕览·察传》:"玃似母猴,母猴似人。"岂猨玃即所谓倮虫者耶! 倮从人,固以倮为人。羌为羊种,闽蛮为虫种,貉为豸种,猃狁、獯猾、狄为犬种,皆不得俦于人。僬侥、僰人皆从人,以西南民族有顺理之性也。夷从大为古文人,以夷俗仁,东方有君子之国也。书契本于黄族,自谓出于倮而圣人为之长,外此惟西南民族得俦于人,以炎族之有文化故也;东北民族亦得俦于人,以泰族之有文化故也;西戎被甲荷戈,盖亦以其为黄族同支,固亦人之徒也。足见上世民族即繁,而于中国文化,惟三族能共建之。《说苑·修文篇》:"夏后氏教以忠,而君子忠矣,小人之失野,救野莫如敬。故殷人教以敬,而君子敬矣,小人之失鬼,救鬼莫如文。故周人教以文,而君子文矣,小人之失薄,救薄莫如忠。"三统循环之义,或即本于三族文化之殊。尚忠,北方之质也,此黄族之崇实用、好刚劲之习也。尚敬,南方之惑也,此炎族之好逸豫、信鬼神之习也。尚文,此东方人之智也,此泰族之重思考、贵理性之习也。南方之强与? 北方之强与? 抑而强与？亦明各方习俗文化不同之意也。蒙旧作《经学导言》，论周秦诸子，推论北方之学为史学、为法家，南方之学为文学、为道家，东方之学为六艺、为儒家，儒家之学以中庸为贵，居于北人注重现实、南人注重神秘之间，盖齐鲁为中国文化最古之发祥地，又为南北走集之中枢，固能甄陶于两大民族之间，而文质彬彬矣。是则齐鲁之间，儒学出焉，不为无故。盖夷俗仁，徐偃王仁而无权，此泰族原始之思想也；贵中庸，则后来调和于异族之思想。儒家之学，尚中而贵仁，此固为善保持其原有民族之特殊精神，而又善调和于异民族之两极端精神，而后产生之新文化也。是邹鲁者既开化最早，中国文化之泉源，而又中国历久文化之重心也。

王湘绮谓："结绳为绳形字母书。"廖师颇张其说。蒙初颇以其凿空疑之，今考古文乃始信其说不诬。《易》曰："上古结绳而治，后世圣人易之以书契。"黄帝之史仓颉，始造书契者。而封泰山者七十有二代，靡有同焉，夷吾所记者十二，则首无怀，次宓牺、神农，次炎帝、黄帝，则无怀以来，悉有文字可知，故得著之丰碑巨碣，是结绳之为文字审也。《说文·序》："神农氏结绳为治而统其事。"以结绳之作，起于神农。然稽诸《易》曰："上古结绳为治，后世圣人易之以书契。"又曰："《易》之兴也，其于中古乎？"虞仲翔注："兴《易》者谓庖牺。"庖牺为中古，则庖牺以前为上古，是结绳当不始于神农。《淮南子》称："史皇生而能书。"《元命包》："仓帝史皇氏，名颉，姓侯冈，实有睿德，生而能书,及受《河图》而创文字,天为雨粟,鬼为夜哭,龙为潜藏,治一百一十载,都阳武,终葬衙之利乡亭。"是仓颉为古之王者。自蔡邕、索靖、崔瑗、曹植之流,并称皇颉,或云颉皇。慎到曰:"仓颉在庖牺前。"谯周说在炎帝世,张揖以仓颉为帝王,生于禅通纪,则仓颉固古之王者,而黄帝袭用其字耳。结绳则更在其前,明结绳不始乎神农,书契不始乎黄帝,而后人归之神农、黄帝者,岂炎族之字原于结绳、黄族之字原于刻木耶?《晏氏类要》以"仓颉姓侯冈氏,冯翊人",则仓颉之果属于西北民族也。然则伏羲之仰观俯察,始作《易》八卦以垂宪象,则八卦者又泰族之文字也。淳于俊说:"伏羲因燧皇之图以制卦。"是泰族文字不始于伏羲而原自燧人,则文之从来旧也,其种类则亦多也。《荀子·解蔽篇》曰:"好书者众也,而仓颉独传者,一也。"许慎曰:"五帝三王之世,改易殊体,封于泰山者七十有二代,靡有同焉。"是则古之作书者非一家,而传者惟仓颉,可得而数者七十余人,不可得而数者乃万数,此万数者必有丰碑巨碣存焉可知,亦可见中国古代王天下者之众,而文字类别之多也。

海东学者每言:"印度以天产极丰,可不劳而活,故有印度之文化发生。欧洲土地硗薄,非勤劳无所得食,故自然科学不兴于东方,不成于智力卓绝之印度人,惟欧洲人独能创之。"则地理关于文化之重要如此,苟推此以究中国上古之文化,亦正相同。《史记·货殖列传》言:"楚越之地,地广人稀,饭稻羹鱼,或火耕而水耨,果隋蠃蛤,不待贾而足,地势饶食,无饥馑之患,以故呰窳偷生,无积聚而多贫,是故江淮以南无冻饿之人,亦无千金之家。"则南方天产之富,有似印度,故文明亦略似印度也。《毛诗序》言:"《葛屦》,刺褊也。魏地陿隘,其民机巧趋利,其君俭啬褊急。《汾沮洳》,刺俭也,其君俭以能勤。《园有桃》,刺时也,其君国小而迫,俭以啬。《蟋蟀》,刺晋僖公俭不中礼。《山有枢》,刺晋昭公有财不能用。"《汉书·地理志》亦言:"唐魏之国,其民君子深思,小人险陋。"则北方人民所资于天产之薄,颇似今日欧洲文明中心之日耳曼,故其民族精神亦略类之。《货殖列传》又言:"泰山之阳则鲁,其阴则齐,齐带山海,膏壤千里宜桑麻,人民多文彩布帛鱼盐。邹鲁滨洙泗,颇有桑麻之业,无林泽之饶,地少人众,俭啬畏罪远邪。"又言:"沂泗以北宜五谷桑麻六畜,地小人众,数被水旱之害,民好畜藏。"是齐鲁物产视唐魏则优,视楚越则又逊。炎族之生活为农稼,黄族之生活为游牧,已于前文明之。而《易》称:"庖牺作结绳而为罔罟,以佃以渔。"《尸子》曰:"燧人之世,天下多水,故教民以渔。虑牺之世,天下多兽,故教民以猎。"则泰族之生活为渔猎。三方原始之生活与环境既殊,其发生之文明各异,固必然之势也。泰族以渔猎为生,自昔即往来于海上,此其有似于希腊,固甚显著。海东学者以"希腊文明之发生,以其国小多山,土地硗瘠,食物不丰,故多沿海行商于小亚细亚,欧式文明之源,实肇于此。"而《汉书·地理志》固言:"齐地负海舄卤,少五谷而人民寡,太公乃通渔盐之利而人物辐凑。鲁地陿民众,俗俭啬爱财趋商贾。"此视希腊之行商小亚细亚则何如？若更观泰族东来,沿勃海经鲁而南走江淮,由营州越海经鲁而西走太昊之墟,则泰族固亦航海经商之国民也,此又正似于希腊行商于沿海。夫中国文化之发生始于泰族,又自昔以鲁地文化为最高,固不可谓非海道交通之力,而地理之有关于文明亦可见。近儒丹徒柳先生谓:"中国古代文化,起于山岳,无与河流。"而主中国民族西元论者,又谓"古代文化自西而东"。皆与此篇所究,旨趣不同者也。三族文化之同异既明,则居今日而言东方文化,自应区别法家者流,此东方之北方文化;道家者流,为东方之南方文化;儒家者流,独行数千载,义理实为中国文化之精华,此正东方之东方文化也。

黄帝有涿鹿之战以定火灾,颛顼有共工之阵以平水害,共工复振滔洪水以薄空桑,则水火之害,并是炎族所恃以为战,故曰上古剥林木以战也。黄炎固用水火也。而黄帝则披山通道,未尝宁居,扰驯猛兽以战。知古之有洪水之害者,乃炎族之所为;有猛兽之害者,乃黄族之所为也。《孟子》言:"周公相武王,诛纣伐奄,三年讨其君,灭国者五十,驱虎豹犀象而远之。"《吕氏春秋》言:"商人服象为虐于东夷,周公以师逐之至于江南,乃为三象乐以嘉其德。"则驱虎豹犀象者,亦战伐之事也。《周书·世俘》:"武王既克殷,狩禽虎二十有二,犀十有二,熊罴牦麈等各如干,然后命吕尚等攻殷畿内之国。"岂于时遂暇逸于原野!《书序》云:"武王伐殷,往伐归兽;识其政事,作《武成》。"凡言伐殷,每连言驱猛兽,知亦战伐之事。《左氏》言:"纣有亿兆夷人。"杜预云:"兼有四夷。"盖服象为虐之东夷,于时固战于牧之野。《孟子》曰:"当尧之时,天下犹未平,洪水横流,泛滥于天下,草木畅茂,禽兽繁殖,五谷不登,禽兽逼人,兽蹄鸟迹之道交于中国,舜使益掌火,益烈山泽而焚之,禽兽逃匿。"盖驱猛兽游牧之民,固莫善于烈山泽,水草竭而禽兽自去。益则予众庶稻,令种卑湿,则北方于是去游牧而就耕种可知也。烈山氏之子曰柱,为稷,夏以上祀之。周弃亦为稷,自商以来祀之。北人之效南人耕稼,倘正自益稷时始也。则舜之平洪水,驱猛兽,独非战伐之事耶!《庄子》叙古之王者,有大庭、轩辕、祝融,皆在伏羲之先,则三族并争,由来已久。《淮南子》谓女娲时,"火爁炎而不灭,水浩洋而不息",此炎族之为害也。又曰"猛兽食颛民,鸷鸟攫老弱",岂亦黄族之为害耶?女娲"杀黑龙以济冀州,积芦灰以止淫水,淫水涸,冀州平,狡虫死,颛民生",则女娲之中兴泰族,固亦尝与洪水猛兽战也。《路史》以黑龙为共工,理或宜然。《孟子》曰:"当尧之时,水逆行,泛滥于中国,蛇龙居之,民无定处,下者为巢,上者为营窟。禹掘地而注之海,驱蛇龙而放之菹。"此蛇龙倘亦人祸耶？洪水泛滥则蛇龙居之，草木畅茂则禽兽偪人，舜之再兴泰族，其致力与女娲同也。后羿再兴泰族，其诛凿齿、杀猰貐、杀封豕、断修蛇，封豕为乐正后夔之子伯封，则修蛇之俦，将亦人也。舜命九官，而夔、龙、朱虎、熊、罴并在朝列，岂亦此类耶！审知炎黄二族，恒振洪水、驯猛兽以为暴，而泰族惟结绳为网罟、教渔猎，以偏处其间。说金文者以夷字为从弓从矢，此夷羿以善射称者耶？故泰族者武事恒劣于炎黄二族，而文化独盛，其迹可验也。

八　虞夏禅让

《龙鱼河图》言："黄帝伏蚩尤，使主兵以制八方。蚩尤没后，天下扰乱，黄帝遂画蚩尤形象以威海内，众谓蚩尤不死，万邦弭服。"是蚩尤既被戮于中冀，而其支庶遂服事轩辕以制八方。高辛、唐虞之世，共工亦在朝，郑玄注《尚书大传》："尧始得羲和，命为六卿，掌方岳之事，是为四岳，出则为伯。其后稍死，鹑吺共工求代，乃分置八伯。"郑又注《尚书》云："始羲和之时，主四岳，谓之四伯。至其死，分岳事置八伯，皆王官。其八伯唯驩兜、共工、放齐、鲧四人而已，其余四人，无文可知。"则彼时共工之跋扈，与尧应付之难，可以概见。八伯可知者四人，而四凶居其三，驩兜、共工皆炎族，而放齐、鲧为之朋，则其势之盛又可见也。《吕氏春秋·行论》："尧以天下让舜，鲧为诸侯，怒于尧曰：'得天之道者为帝，得地之道者为三公，今我得地之道而不以我为三公。'以尧为失，论欲得三公，怒甚，欲为乱，召之不来，仿佯于野，以患帝，舜于是殛之于羽山,副之以吴刀。"《韩非子·外储说》:"尧欲传天下于舜,鲧谏曰:'不祥哉,孰以天下而传之匹夫乎?'尧不听,举兵而诛杀鲧于羽山之郊。共工又谏曰:'不祥哉!孰以天下而传之于匹夫乎?'尧不听,又举兵而诛共工于幽州之都。"则鲧与共工皆处心于三公四岳,而反对禅天下于舜。《海外南经》注云:"昔尧以天下让舜,三苗之君非之,尧杀之,有苗之民叛入南海为三苗国。"《博物志》亦同此说。则三苗亦与共工、伯鲧同为反对舜之受天下者,则四凶之罪于是得略见之也,曰伯鲧称遂共工之过,果伯鲧为共工之党耶?

《山海·海内南经》说帝丹朱,《汉书·律历志》说张寿王言:"伯益为天子代禹,骊山女亦为天子,在殷周间。"皆不合经术,寿王历乃太史官《殷历》也。而《汲冢书》云:"舜放尧于平阳,益为启所诛,太甲杀伊尹,太丁杀季历。"斯则虞夏禅让,其事多疑。《书》言:"无若丹朱奡,罔水行舟,用殄厥世。"丹朱殄世,则虞宾失位可知。《论语》言:"奡荡舟,不得其死。"说者谓奡即丹朱,而不得其死,则舜之为禅,事亦足奇。丹朱即不肖,尧之九男,岂无一才?而必禅于有鲧在下,而后为快耶!《周书·殷祝》称:"桀三致国于汤,一徙于不齐(当即不其山),再徙鲁,三徙南巢,然后汤即天子位。"而儒家皆曰:"成汤放桀,武王伐纣。"岂《尚书》言虞夏禅让,亦犹《周书》言桀汤之事耶!《檀弓》曰:"舜葬苍梧之野,二妃未之从也。"郑玄注曰:

"舜征有苗而死,因葬焉。"《淮南子·修务训》:"舜南征三苗,道死苍梧。"《水经注》云:"大舜之陟方也,二妃从征,溺于湘江。"《列女传》亦同。夫二妃既从征以死,乃不能葬苍梧而死于湘江,盖军覆身亡,伉俪不能同穴。丁此干戈倏扰之际,则禹之受禅于洞庭之野,岂从容揖让以成之?《帝王世纪》:"舜年八十一即真,八十三而荐禹,九十五而使禹摄政,摄政五年,有苗氏叛,南征,崩于鸣条。"舜年九十五,禹已摄政,则有苗之叛,禹不往征,而百岁耄耋之君,深入俿画之域者何耶?《说苑·君道》曰:"当舜之时,有苗氏不服,禹欲伐之,舜不许,曰:'谕教犹未及也。'究谕教焉,而有苗氏请服。"此舜之不欲禹伐有苗也。《吕氏春秋·召类篇》曰:"舜却有苗,更易其俗。"而舜又自伐有苗者何耶?舜尝自伐之也。《竹书纪年》:帝舜"三十五年命夏后征有苗"。《墨子·兼爱篇》称:"禹曰济济有众,咸听朕言,非台小子,敢行称乱,蠢兹有苗,用天之罚,若予既率尔群,对诸群以征有苗。"此又使伯禹伐有苗者又何也?既使禹伐有苗,禹摄政五年有苗氏叛,舜不使禹往征而自征之,以崩于苍梧,则又何耶?其措施先后之矛盾,盖原于其君臣之猜忌可知。且足见终舜之世,有苗之乱不息,戎马倥偬,疑未暇于礼义也。赵武灵王以舜舞有苗、禹祖裸国,为变胡服之例,《淮南子》以舞干羽于两阶,七旬有苗格为禹事,则禹固不惜用夷变夏,以和共工之族。《吕氏春秋》:"禹入裸国,裸入衣出,因也。"是裸入裸国以从其俗,又作苗舞于两阶,自贬以求合于炎族,正期以遂其志也。《荀子·议兵篇》又言:"禹伐共工,尧伐䥍兜。"《吕氏春秋》:"尧战于丹水之浦以服南蛮。"盖又伐共工、伐三苗,举兵而诛鲧。《庄子》:"尧问于舜曰:我欲伐宗脍、胥敖。"又曰:"昔者尧攻丛枝、胥敖,国为虚厉,身为刑戮。"则尧之时亦战伐不已,未遑宁居。若《山海经》之属,记禹之攻伐犹不胜举,则虞夏之间,其兵戈扰攘而生民之困阨可知,若曰百姓昭明,协和万国,黎民于变时雍,或不免铺张扬厉之辞乎!

《孟子》曰:"昔者尧荐舜于天,尧崩,舜避尧之子于南河之南,天下诸侯朝觐者不之尧之子而之舜。舜荐禹于天,舜崩,禹避舜之子于阳城,天下之民从之,若尧崩之后不从尧之子而从舜也。禹荐益于天,禹崩,益避禹之子于箕山之阴,朝觐讼狱者不之益而之启。"盖帝丹朱与舜并争而帝,而诸侯归舜,伯益与启争而为天子,而诸侯归启,此虞夏间揖让之实,其关键乃在得失诸侯也。《括地志》云:"故尧城在濮州鄄城县东北十五里,《竹书》云:'昔尧德衰,为舜所囚也。'又有偃朱故城在县西北十五里,《竹书》云:'舜囚尧,复偃塞丹朱,使不与父相见也。'按濮州北临漯,大川也,河在尧都之南,故曰南河,《禹贡》至于南河是也。其偃朱城所居,即舜让避丹朱于南河之南处也。"《史通·疑古》称:"书云某地有城,城以囚尧为号。"当是说尧城事,则所谓天下诸侯朝觐者不之尧之子而之舜，其实固以舜之囚尧而偃朱也。盖五帝三代，其得天下则以得诸侯，失天下则以失诸侯。《五帝本纪》言："神农氏世衰，诸侯相侵伐，而神农氏弗能征，于是轩辕乃习用干戈，以征不享，诸侯咸来宾从。炎帝欲侵陵诸侯，诸侯咸归轩辕，轩辕乃修德振兵，以与炎帝战于阪泉之野，三战然后得志。"此炎黄二族之争诸侯也。夏之衰，《帝王世纪》言："诸侯咸叛桀附汤，同日贡职者五百国。"商之衰，《周本纪》言："诸侯多叛纣而往归西伯，武王东观兵至于孟津，不期而会者八百诸侯。"此三代得失诸侯之最显著者也。卫宏言："帝挚在位九年政微弱，而唐侯德盛，诸侯归之，挚服其义，乃造唐朝而致禅。"《夏本纪》言："启灭有扈氏，天下咸朝夏后。"此皆以力战而得诸侯。自孔甲以来，夏后氏德衰，诸侯多叛，夏桀不德而武伤百姓。盖桀亦欲力战以致诸侯者。太甲颠覆汤之典刑，伊尹放之于桐，伊尹摄行政当国以朝诸侯，太甲修德，诸侯咸归殷，褒帝太甲称太宗。至雍己而殷道衰，诸侯不至，太戊修德，殷复兴，诸侯归之，远方重译而至七十六国，故称中宗。帝阳甲之时，殷衰，自仲丁以来，比九世乱，诸侯莫朝。至盘庚行汤之政，殷道衰复兴，诸侯来朝。小辛立，殷复衰。子武丁立，思复兴殷，修政行德，天下咸欢，殷道复兴，称高宗。《孟子》曰："武丁朝诸侯，有天下，犹运之掌。"此殷之衰也以失诸侯，三宗、盘庚之兴也，亦以能朝诸侯；则伊尹放太甲于桐，摄政以朝诸侯，是亦殷之一衰乎。《礼记·明堂位》曰:"周公朝诸侯于明堂之位,天子负斧依南向而立。"郑玄曰:"周公摄王位,以明堂之礼仪朝诸侯。天子,周公也。"《荀子·儒效》言:"武王崩,成王幼,周公屏成王而反武王,以属天下,履天下之籍,听天下之断,偃然如固有之。"《尸子》《韩非》并云:"周公旦假为天子七年。"《淮南子·氾论训》:"周公继文王之业,履天子之籍,听天下之政,负扆而朝诸侯。"是周公固尝践阼称天子。故《君奭篇》序云:"召公为保,周公为师,相成王为左右,召公不说。"则伯益、伊尹之见杀,周公之奔楚可也。《秦本纪》正义称《传》云:"昔穆王巡狩,诸侯共尊偃王。"《鲁连子》:"共伯名和,好行仁义,诸侯贤之,周厉王无道,国人作难,王奔于彘,诸侯奉和以行天子事。"则宗周之嗣,于是不几于斩耶!《鲁世家》说:"周公东伐,二年而毕定,诸侯咸服宗周。"盖周人于管蔡之乱,尝一失东诸侯。《周本纪》言:"厉王时诸侯不朝,至宣王时诸侯复宗周。"周自文王受命至宣王中兴,盖三失诸侯、三得诸侯也。张寿王言:"骊山女亦为天子,在殷周间。"《秦本纪》申侯言:"昔我先郦山之女,为戎胥轩妻。生中潏,以亲故归周,保西垂。"盖中潏生蜚廉,蜚廉生恶来,父子俱以材力事纣,此正殷周间之郦山女,或亦乘殷乱、保西垂之诸侯,比于徐偃、共伯之僭差耶! 至于春秋之世,列国争为盟主,尤争诸侯之彰明较著者也,则虞夏伊周之为圣人,连得间也。

《韩非子·外储说》:"禹爱益而任天下于益,已而以启人为吏,及老而以启为不足任天下,故传天下于益,而势在启也,已而启与友党攻益而夺之天下。"是禹传天下于益,而实令启自取之,则所谓朝觐讼狱者不之益而之启,其实固以启之攻杀伯益也。《淮南子·齐俗训》说:"有扈氏为义而亡。"高诱曰:"有扈氏,夏启之庶兄,以尧舜举贤而禹独与子,故伐启。"有扈盖深不满于启之杀益者也。《楚词·天问》云:"启代益作后,卒然离蠥。"又曰:"何后益卒革,而禹播降?"皆以见益之尝践大位。《天问》又云:"该秉季德,厥父是臧,胡终弊于有扈,牧乎犬羊?"又曰:"有扈牧竖,云何而逢?击床先出,其命何从?"说者谓有扈为启所败,启亲临有扈之床,击而杀之。屈子亦深致惋惜于有扈者也。而《书》曰:"有扈氏威侮五行,怠弃三政,天用剿绝其命。"其可以为纪实之言乎?

《战国策》:"禹攻三苗,而东夷之民不赴。"见东夷之不和融于夏也。《墨子》:"禹东教乎九夷,道死,葬会稽之山。"舜以经营三苗而死苍梧,禹以经营九夷而死会稽,其事又颇同,可以见有夏一代之勤事九夷,实自禹始也。《鲁语》:"禹致群神于会稽,防风氏后至,禹戮之。"是当时固有梗命之防风,而禹亦略事攻伐也。《吴兴记》曰:"吴兴西有风诸山,一曰风山,有风公庙。古防风国也。"曰风山,曰风公,则防风于古本为风姓,而羲皇之后也。《孟子》曰:"舜生于诸冯,迁于负夏,卒于鸣条,东夷之人也。"则九夷之叛夏人,诚不为无故。《论语》曰:"舜有天下,选于众,举皋陶,不仁者远。"王吉说:"尧舜不用三公九卿而举皋陶。"《古史考》:"皋陶,舜谋臣也,舜举之于尧,尧令作士,主刑。"以见舜之亲所擢拔以为心膂者,惟皋陶耳。《帝王世纪》言:"皋陶生于曲阜,曲阜,偃地,故赐姓曰偃。"(偃或与奄通。)是皋陶者亦东夷之人,故舜特举之。《淮南子·兵略》高诱注说:"尧以楚伯受命,灭不义于丹水。"尧之兴,资于楚;舜之兴也,资于九夷乎!《大戴礼·王言》说:"昔者舜左禹而右皋陶。"盖皋陶尝与禹并。《夏本纪》言:"帝禹立而举皋陶,荐之且授政焉,而皋陶卒,后举益,授之政。"是皋陶者伯禹之所畏,夫其死或有说也。《管子》曰:"舜禅夏禹于洞庭之野。"盖即方征三苗时也,禅让之典,奚必于是时行之,而伯益又以杀闻,则舜、益、皋陶之死,同一可悲,而九夷之携贰于夏,诚有所憾而然也。

《列女传》:"皋子生五岁而佐禹。"曹大姑注云:"皋子,皋陶之子伯益也。"《中候苗兴》云:"皋陶之苗为秦。"《史记》固以秦为伯益之后,是伯益固皋陶之子也。《秦本纪》:"大业生大费。"《音义》以大业是皋陶,大费是伯益,一名柏翳。郑玄《诗谱》:"尧时有伯翳者,实皋陶之子,佐禹治水,命为虞官,掌上下草木鸟兽。"则伯益为皋陶之子不疑。韦昭说:"伯翳,舜虞官,少皞之后伯益也。"《史记》:"伯翳,舜赐姓嬴氏。"《古史考》曰:"穷桑氏,嬴姓也。"《说文》:"嬴,少昊之姓。"《汉书·地理志》亦然。则伯益、皋陶者,固少昊之胤也。伯翳能议百物以佐舜,主草木鸟兽,此本泰族所优为者也。《周语》:"共之从孙四岳,长帅诸侯,助禹治水。皇天嘉之,祚四岳国,赐姓曰姜,氏曰有吕。"《郑语》:"姜,伯夷之后也。"《齐世家》:"吕尚其先祖尝为四岳,佐禹平水土,封于吕,或封于申,姓姜氏。"《陈涉世家》则言:"伯夷之后,至周武王复封于齐。"是伯夷与四岳一家耳。谯周曰:"炎帝之裔,伯夷之后,掌四岳有功,封之于吕。"《潜夫论·氏族志》:"伯夷为姜,氏曰有吕。"郑《驳五经异义》:"尧赐伯夷姓曰姜。"《世本》:"祝融曾孙生伯夷,封于吕,为舜四岳。"是四岳即伯夷也。《书》曰:"伯夷典朕三礼。"马融说:"天神、地祇、人鬼之礼。"《毛诗》说:"姜氏为四岳,掌四岳之祀,述诸侯之职。"盖以伯益能礼于神,故以之典三礼而掌四岳之祀。盖祀神固炎族之事,而伯夷为四岳,固优为之也。皋陶、伯益之死,事若可疑,而吕之在夏,与国同休。则舜死苍梧、禹死会稽,三族恩仇,庶可思而得也。

《中候握河纪》:"尧斯封稷、契、皋陶,赐姓号。"《考河命》:"舜爵赏有功,稷、契、皋陶益土地。"则皋陶于时谅为大国。《尧典》:"舜命九官,伯禹作司空,契作司徒。"《列女传》:"以弃长大事尧,位至司马。"郑玄说:"虽作司马,天下犹以后稷称焉。"是禹、契、后稷固唐虞间之三公也。《淮南子》:"尧之治天下也,舜为司徒,契为司马,禹为司空。"《尚书刑德放》:"益为司马,禼为司徒,禹为司空。"唐虞间之三公，兹五人者更迭为之，其位望相拟可知。郑玄于稷、契、皋陶益土地注云："稷、契，公也，三人皆先封，舜加其封地。"夫三公之封，自为大国，而舜又益其地。此孔颖达所谓特加褒赐，如周之赐鲁卫是也。封契于商，封稷于邰，子孙并大显于后，而皋陶之封国乃无闻焉，姓号亦不可知。《史记》曰："皋陶卒，封皋陶之后于英、六，或在许，而后举益，任之政。"益之封国亦不可知。《竹书纪年》以为费侯者讹也。岂以启攻杀伯益，而少昊之后遂微耶！《秦本纪》说："伯益子孙或在中国，或在夷狄。"则伯益嗣裔其衰之甚可见也。中国颛顼以前，帝王多宅都于鲁，自封颛顼于高阳在开封，封帝喾于高辛在归德，是后遂宅都于卫。尧受封于唐，舜之先虞幕受封于虞，是后遂宅都于晋而渐以西侵。唐虞之际，契稷上公大国，并在岐雍。则自上世以来，由黄河下游遂以次侵入上游也。盖既封四岳于吕以奠南方，则黄族之发展自应西进，而大建契弃于商邰也。然禹自西夷之人，固宜使代鲧为崇伯于岐雍，乃又别封之夏何耶？稷、契、皋陶益土地，又不及伯禹，夏有天下，而皋陶之后乃大微，虞夏君臣之间，彼其猜妨之情，固燎然若此也。

九　夏之兴替

颛顼都穷桑,徙帝丘,葬濮阳。《水经注》说:"帝喾都亳殷,葬濮阳。"殷谓河北之邺,则喾都之亳,非偃师之亳,乃卫之亳。《国语》所谓"纣踣于亳",《左传》所谓"燕亳北土"是也。帝都至是始自鲁而徙于卫。韦昭说:"陶唐皆国名,犹殷商,尧居唐在晋阳。"《续郡国志》曰:"济阴定陶,古陶,尧所居。"《货殖列传》:"尧作游成阳。"师古曰:"尧尝居陶,后居于唐。"于后舜居蒲坂,禹居晋阳,帝都至是又徙于晋。《夏书》曰:"惟彼陶唐,帅彼天常,有此冀方。"盖于时炎族北侵,故尧舜皆退保冀方耶!《韩非》说:"尧举兵而诛共工于幽州之都。"谷永奏曰:"尧遭洪水之灾,天下分绝为十二州。"可见其时水害方烈,共工已北上至幽陵,黄族则退保冀方以避之也。《史记·货殖列传》言:"唐人都河东,殷人都河内,周人都河南。"自是而三河亦遂为政治军事文化之中心也。方是时,炎族亦于累战之余,退保南服,休养生息,中国遂得安辑无事。段玉裁说:"《左传》言太岳,亦言四岳,亦言四伯,皆谓一人,非谓四人。"《毛诗故训传》言:"姜氏为四伯,掌四岳之祀,述诸侯之职。"盖四岳长帅诸侯,佐禹治水,命以侯伯,氏曰有吕,则几于天子之副贰也。许慎说:"太岳佐夏,吕叔作藩,俾侯于许。世祚遗灵。"伯禹率乎北,太岳帅乎南,俨然各有天下之半。《白虎通义》言:"昆吾,夏伯也。"夏道中微,"昆吾为盟主,诛不从命,以尊王室。"《左氏》昭二十年传:"昔我皇祖伯父昆吾,旧许是宅。"《世本》:昆吾为夏伯,"夏衰,迁于旧许"。盖是时有吕亦衰,上无天子,下无方伯,故迁昆吾于许,代吕作伯,而夏遂以大定也。《周书·尝麦解》云:"其在殷(当作启)之五子,忘伯禹之命,假国无正,用胥兴作乱,遂凶厥国,皇天哀禹,赐以彭寿,思正夏略。"《竹书纪年》:"帝启十一年,放王季子武观于西河。十五年,武观以西河叛,彭伯寿帅师征西河,武观来归。"则夏初定天下,以吕帅南服,以彭奠东岳,此事之彰明较著者也。《海内经》:"伯夷父生西岳,西岳生先龙。"此之西岳,即四岳之吕也,岂彭称东岳,而吕称西岳耶!

《左氏》昭元年传:"虞有三苗,夏有观扈,殷有徐奄,周有徐奄。"三苗、徐、奄,几危王室,则观、扈、徐、奄所系之重可知也。《墨子·明鬼》引《禹誓》曰:"日中吾与有扈争一旦之命。"《说苑·正理》言:"昔禹与有扈氏战,三陈而不服,禹于是修教,二年而有扈氏服。"则有扈之强可见也。《吕氏春秋·先己篇》:"夏后伯启(今本作夏后相,此从《御览》校正）与有扈战于甘泽而不胜，六卿请复之，夏后伯启曰不可，于是乎处不重席，食不贰味，亲亲长长，尊贤使能，期年而有扈氏服。"《夏本纪》言："启灭有扈氏，天下咸朝夏后。"盖夏几以有扈之乱失天下，而其两世服有扈又若斯之难也，则武观之未易与亦可见，赖彭伯而仅克之。《括地志》云："雍州南、鄠县，本夏之扈国也。"《水经注》云："淇水又北迳顿丘县故城西，《古文尚书》以为观地矣。"《汉书·地理志》："东郡畔观县。"应劭注："夏有观扈。"是后启在位，西则有有扈，东则有武观，见国家之多故也。《淮南子》以"有扈为义而亡"。《墨子》称武观之书曰："启乃淫溢康乐，野于饮食，将将铭苋磬，以力湛浊于酒，渝食于野，万舞翼翼，彰闻于天，天用弗式。"此则武观檄启之罪。皮鹿门说："启之康娱自纵，略见于《墨子》《竹书纪年》《山海经》《离骚》《天问》诸书，启则失道，故屈子、墨子皆以为讥，以古书考之，则启亦非贤主，孟子以为贤者，为世立教耳。"是方启在位，夏道即衰，赖大彭作伯，乃仅保其禋祀也。太岳作伯于许以奠南服，彭寿作伯于彭以奠东藩，则夏人之所经略者，惟北方耳。《左氏》昭四年传以夏启有钧台之享，与商汤有景亳之命、周武有孟津之誓并论，则其事所系之重也。《归藏易》曰："夏后启筮享神于晋之虚，为作璇台于水之阳。"则钧台之享，固在晋虚。《竹书纪年》："帝启元年，大飨诸侯于钧台，诸侯从帝归于冀都。"则夏人惟经略北方，固足验也。

夏自太康失邦至少康绍国,向百年,则夏乱甚矣。《左氏》襄四年传说:"有夏之方衰也,后羿自鉏迁于穷石,因夏民以代夏政。"《括地志》云:"故鉏城在滑州韦城县。"《晋地记》云:"河南有穷谷,盖本有穷氏所迁也。"是夏之中衰,有穷氏自东方而侵入河南,以偪夏都。《左氏》昭二十八年传:"乐正后夔之子伯封,实有豕心,贪惏无餍,忿颣无期,谓之封豕,羿灭之。"《博物志》曰:"羿与凿齿战于畴华之野,羿持弓,凿齿持矛,羿杀之。"羿固尝以武力征服四方者。《淮南子》曰:"羿除天下之害,死而为宗布。"太康畋于有洛之表,逸豫失德,而羿距之于河,此亦除害之谓乎?许慎曰:"羿,帝喾射官也。"《帝王世纪》言:"帝羿有穷氏,未闻其先何姓,帝喾以上,世掌射正。至喾,赐以彤弓素矢,封之于鉏,为帝司射,历虞夏。"《山海经·海内经第十八》云:"帝喾赐羿彤弓素矰,以扶下国,羿是始去恤下地之百艰。"此帝喾时之羿也。《淮南子》曰:"尧时十日并出,尧命羿仰射十日,中其九日。"此尧时之羿也。因民弗忍,距太康于河,此太康时之羿也。逐相而代夏政,恃其善射,不修民事,而淫于原兽,寒浞杀之,此帝相时之羿也。盖有穷氏之称羿,亦犹九黎氏之称蚩尤,固非一世一人。《荀子·君道》:"羿之法非亡也,而羿不世中。"贾逵说:"有穷历唐尧及夏,并以羿为号。"盖或则以仁得之,或则以暴失之,固足见也。《左氏》襄四年:"寒浞,伯明氏之谗子弟也,伯明后寒弃之,夷羿收之,以为己相。浞行媚于内,施赂于外,愚弄其民而虞羿于田,树之诈慝,外内咸服,羿犹不悛,将归自田,家众杀而烹之,以食其子,其子不忍食之,死于穷门。浞因羿室,不改有穷之号,生浇及豷。"《孟子》曰:"逢蒙学射于羿,尽羿之道,思天下惟羿为愈己,于是杀羿。"《楚词注》以为"浞使家臣逢蒙射而杀之"。则所谓家众杀而烹之者逢蒙也,则浞之凶残,浮于羿远也。盖相为羿所逐,失国依同姓诸侯斟灌、斟𩵋,于时夏祚尚可苟延。《左氏》哀元年:"昔日过浇,杀斟灌以伐斟寻,灭夏后相,后缗方娠,逃出自窦,归于有仍,生少康焉,为仍牧正,浇使椒求之,逃奔有虞,为之庖正,而邑诸纶。"是亦寒浞之虐远过夷羿。羿之代夏,后相二斟,尚保东土,浞之代羿,则并后相二斟而灭之。浇用师灭斟灌及斟寻,处浇于过,处豷于戈,若中国之毕归于寒浞,并少康之为仍牧正,而必使椒求之,见夏之不可幸而存也。"浞恃其谗慝诈伪而不德于民,夏遗臣靡自有鬲氏收二国之烬,灭浞而立少康。使女艾谍浇,灭浇于过,使季杼诱豷,灭豷于戈,有穷遂亡。于是复禹之绩,祀夏配天,不失旧物。"顾炎武曰:"观当日之形势,而少康亦难乎其为力矣。"《鲁语》曰:"杼,能帅禹者也。故夏后氏报焉。"自杼之灭豷,而有穷支属诛除尽也。岂夏之中兴而杼之力为独多耶!《日知录》云:"太康畋于洛表而羿距于河,则冀方之地入于羿矣。惟河之东与南为夏所有,至后相失国依于二斟,于是使浇用师杀斟灌以伐斟寻,而相遂灭,乃处浇于过(今掖县)以制东方,处豷于戈(在宋郑之间)以控南国,其时靡奔有鬲(今德平县),在河之东,少康奔有虞(今虞城县),在河之南。"盖少康中兴,亦以得河东河南之助,然后能复禹之绩也。后羿自鉏迁于穷石,固来自东方而徙于河南者。《左传》引《虞箴》称帝夷羿,亦见羿之为东夷而帝者。《路史》称夷羿有穷氏偃姓,则羿诚东夷而皋陶之族,泰族之胤也。伯靡之奔有鬲,应劭曰:"鬲,偃姓,皋陶后也。"是夏之亡也,以皋陶后偃姓之有穷,其中兴也,又以皋陶后偃姓之有鬲。盖寒浞既杀夷羿而灭夏后相,姒偃两姓并亡,则有鬲之合二斟以灭寒浞,即姒偃两姓协力复国,以复兴夏道,势必然也。《夏本纪》言:"帝中康时,羲和湎淫,废时乱日,允往征之。"孔传云:"羿废太康而立其弟中康为天子。"《帝王世纪》言:"仲康微弱,政出于羿。"则允侯之帅六师征羲和,固羿之假天子以令诸侯耶!《尚书大传》言:"尧时羲和命为六卿,掌方岳,是为四岳,出则为伯。"夫吕固侯伯也,固四岳也,亦即羲和也。则此之征羲和即为征有吕可决也,吕与羲和固同为炎族之胤,羿既代夏,又伐羲和以弱炎族,有吕之衰不能为霸,岂以夷羿创之而然耶!《楚语》:"尧育重黎之后,不忘旧者,使复典之,是为羲氏、和氏。"尧之羲和即侯伯,则颛顼之建重黎亦宜为侯伯,上推共工、宿沙、蚩尤之霸,亦此例乎? 皆以之帅乎南方民族者也。《周语》称:"王无亦鉴于黎苗之王。"则九黎、三苗固亦王于南土,而黄族惟以伯视之耳！

《白虎通义》言："昔昆吾氏，霸于夏者也；大彭、豕韦，霸于殷者也；齐桓、晋文，霸于周者也。"《郑语》："昆吾为夏霸也。"《风俗通义》述《左氏传》曰："夏后太康，娱于耽乐，不循民事，诸侯僭差，于是昆吾氏乃为盟主，诛不从命，以尊王室。"是夏自太康失政，四方皆叛。《纪年》："仲康六年，锡昆吾命作伯。"则以昆吾势强，主盟东土，而羿使为伯以柔缓之。及相为羿逐，徙居商丘（当作帝丘），商丘在卫，盖依于昆吾也。《竹书纪年》："帝相元年居商丘，九年相居于斟灌。"则又依于夏同姓诸侯斟灌、斟郡也。自相居商丘以后，夏即大有事于九夷，其初或假昆吾之力以诛不从命，及有穷既灭，王室已宁，帝廑元年徙宅西河，四年而昆吾迁于许，自北以徙于南，盖方夏之中衰，昆吾作伯于东，以屏藩王室。及夏道中兴，则东土之事，王室徙宅西河自专之，南国之事，则徙昆吾于许以任之，以备方城汉水之间。夫自彭吕之衰，昆吾始则作霸于卫，继彭伯以镇东夷，复徙霸于许，继吕侯以镇南服，则昆吾诚大有造于夏也。由《汲冢纪年》观之，有夏一代，皆勤事于九夷，其迹昭然若揭。盖帝相元年征淮夷，二年征风夷、黄夷，十七年于夷来宾，少康二年方夷来宾，帝芬三年九夷来御，帝泄二十二年命大夷、白夷、玄夷、风夷、赤夷、黄夷，帝发元年诸夷宾于王门，再保墉会于上池，诸夷入舞，帝桀三年畎夷入于岐以叛。《后汉书》言："夏后氏太康失德,夷人始叛,后相即位,乃征畎夷,七年然后来宾,至于后泄,始加帝命。少康之后,世服王化,遂宾于王门,献其乐舞,桀为暴虐,诸夷内侵。"则夏后一代之专致力于东夷可知也。昭四年传说:"夏桀为仍之会,有缗叛之,商纣为黎之蒐,东夷叛之。"盖夏商二代之勤事九夷也如此。《水经注》:"亢父故城西,夏后氏之任国也。"《汉书·地理志》言:"东平国任城,古任国,风姓。"任、仍古通,则又见交通九夷,即怀抚风姓,此九夷即泰族之佐验也。寒浞灭夏后相,后缗方娠,逃归有仍,而生少康,盖缗、任俱风姓。及夏遗臣靡收斟灌、斟鄩二国之烬,灭寒浞而立少康,应劭以二国均在北海郡,《括地志》亦以斟灌、斟鄩俱国于青州。是少康之复国中兴,知又有赖于东人之力也。《纪年》:"帝桀元年帝即位,居斟鄩。"是其尚徘徊于东土。《说苑·权谋篇》:"汤欲伐桀,伊尹请阻乏贡职以观夏动,桀怒,起九夷之师,汤乃谢请服。明年又不贡职,桀怒。起九夷之师,九夷之师不起,汤兴师伐而残之。"桀有九夷之助则足以威商,失九夷而夏亡,九夷关于夏之兴亡若是其重,则于时泰族之强可见也。

《书序》:"自契至于成汤八迁,汤始居亳,从先王居。"《殷本纪》亦同此说。郑玄以"契本封商,国在太华之阳",为战国商於之地。皇甫谧谓"今上洛商"。此契之始封一也。《世本》:"契居蕃。"注云:"在郑西,即峦城。"今华州也。《水经·渭水注》:"峦都城北故蕃邑,殷契之所居。"

此契之新都,二也。《中候考河命》曰:"稷、契、皋陶益土地。"注云:"三人皆先封,舜加其封地。"郑玄笺《诗》云:"始尧封之商为小国,舜之末年乃益其土地为大国。"则契之迁蕃,自以益封斥大国土之故而徙也。《世本》:"昭明居砥石,复迁商。"《荀子·成相篇》亦同,杨倞以砥石即砥柱。此三迁四迁也。《周本纪》:"不窋末年,夏后氏政衰,去稷不务,以失其官而奔戎狄之间。"韦昭谓当"夏太康失国"。契、稷皆虞夏宅西大国,不窋之奔戎狄,昭明之播迁,殆皆以太康失国、夷狄交侵也。《左氏》襄九年传:"阏伯居商丘,相土因之。"《世本》曰:"相土徙商丘。"此五迁也。《汲冢古文》:夏后相十五年,"商侯相土作乘马,遂迁于商丘"。郑玄笺《诗》说:"相土居夏后氏之世,承契之业,入为王官之伯,出长诸侯,其威武之盛烈烈然,四海之外率服,截尔整齐。"王肃说:"相土在夏为司马之职,掌征伐也。"盖夏后相为后羿所逼,出居商丘(当作帝丘),而相土专征作伯,遂迁此阏伯之虚,于时昆吾霸于卫,相土霸于商,正夏人播迁颠危之际。《汲冢古文》:芒三十三年"商侯迁于殷"。此六迁也。《世本》:"相土居商丘,冥往治河水,子亥迁殷。"宋衷曰:"冥为司空,勤其官事,死于水中,殷人郊之。"《鲁语》:"冥勤其官而水死。"韦昭说:"冥,根圉之子也,为夏水官。"《纪年》:少康十一年,"使商侯冥治河,帝杼十三年商侯冥死于河"。盖以冥之治水,而子亥遂扶植其势于北方,有事于河,而迁国于殷也。

《纪年》:夏帝泄十二年,"殷侯子亥宾于有易而淫焉,有易之君绵臣杀而放之。十六年,殷上甲微假师于河伯以伐有易,灭之,杀其君绵臣。"《山海经》亦说有易杀王亥取仆牛,中叶衰而上甲微复兴,故殷人报焉。《鲁语》曰:"上甲微,能帅契者也,殷人报焉。"帝不降三十五年殷灭皮氏。皮氏于汉属河东。《路史》云:"上甲居邺。"是殷在邺也。东灭有易,西灭皮氏,大振声威于北方,固为一大强国,故曰能帅契者也。《纪年》:孔甲九年,"殷侯复归于商丘"。《世本》亦曰:"子亥迁殷,孔甲(上下当有脱文)复归商丘。"此七迁也。孔甲元年废豕韦,七年迁刘累,此所谓孔甲乱夏者也。岂诸侯悉惧,而殷人畏其暴,乃弃河复归于商丘以避之耶?帝桀九年,"商侯履迁于亳",此八迁也。则以势强而规取夏之天下耳。是商人初封于西,至相土乃东徙于宋,至王亥乃北入于河,后复还于宋,至汤始居亳。是八迁者,皆以其国势强弱之故,而迁徙往来也。张守节以"汤即位,居南亳,后徙西亳",说者或以此当二迁。然《史记》《书序》言八迁斥汤初年事,非谓后徙西亳也。《商君书·赏刑篇》:"昔汤封于赞茅方百里。"不审即为商丘为亳耶!

附考

《诗谱》云:"武王伐纣,乃以陶唐氏火正阏伯之墟,封纣兄微子启为宋公。"宋封商丘,于汉为睢阳。

《左氏》襄九年传:"昔陶唐之火正阏伯居商丘,相土因之。"服虔说:"汤始祖相土封阏伯之故地。"是相土、阏伯并在宋也。《左氏》僖三十一年传:"卫迁于帝丘,卫成公梦康叔曰相夺予享。"《左氏》昭十七年传曰:"卫,颛顼之虚也。"此后相、颛顼并在卫也,据郑玄说契封商又别在太华之阳,三地各别。《世本》说:"相徙帝丘,于周为卫。"此不讹。其说"相土徙商丘,本颛顼之虚",则混帝丘、商丘而一之。宋衷注曰:"相土就契封于商。"又混商与商丘而一之。郦道元注瓠子河以"颛顼、阏伯、相土、昆吾、卫成公,五同居",皇甫士安亦然,遂讹误不可考也。盘庚迁殷在邺,上甲微亦居邺,故曰肇复先王之大业,先王斥微而言,在河北也。

《吕氏春秋·慎大览》:"末嬉言曰:'今昔天子梦西方有日,东方有日,两日相斗,西方日胜,东方日不胜。'伊尹以告汤,故令师从东方、出于国西以进。"孔传说:"汤升道从陑,出其不意,陑在河曲之南。"盖又绕出桀西,故桀败而东走。《论衡》冯夷曰:"西惟夏,东惟商。"此皆汤都在桀东之证无可疑者。吴起言:"夏桀之居,左河济,右太华,伊阙在其南,羊肠在其北。"高诱曰:"羊肠在晋太原北。"武王曰:"自洛汭延于伊汭,居易无固,其有夏之居。我南望三涂,北望岳鄙,顾詹有河,粤詹雒伊。"服虔以"太行、辕辕、龟崤为三涂"。是南至伊雒、三涂,北至羊肠、岳鄩,皆夏人王畿千里之地。《世本》云:"禹都阳城。"《汲郡古文》亦云居之,为今河南登封县,此禹之南都。《左氏》定四年传言:"唐叔封于夏墟,启以夏政。"杜预注:"今太原晋阳是也。"此夏之北都。殆亦犹周之有酆镐王城是也。自少康中兴,复禹之绩,而迁于原,于汉为河内轵县。帝杼迁老丘,在陈留,孔甲居西河,皆王圻千里之地也。至桀之时,居于河南。故《国语》伯阳父曰:"伊洛竭而夏亡。"正以桀之居在伊洛间也。而汤之都亳,自在其东。此桀汤初年事也。《汲郡古文》云:"太康居斟鄩,羿亦居之,桀又居之。"此桀有二都也。《书序》云:"汤既胜夏,欲迁其社,不可,作《夏社》。"次云:"伊尹相汤伐桀,升自陑,与桀战于鸣条之野,夏师败绩,汤从之,遂伐三朡,俘厥宝玉。"欲迁夏社在前,明已克桀都,克桀都之后,乃战鸣条、伐三朡,则又一都。此桀汤末年事也。《吕氏春秋·慎大览》:"汤伐桀,未接刃而桀走,逐之至大沙。"盖汤攻河南,桀未战而走,是桀乃东徙斟鄩也。《周书·史记篇》:"有洛氏宫室无度,池囿广大,工功日进,以后更前,民不得休,农失其时,饥馑无食,成商伐之,有洛以亡。"《纪年》桀二十一年:"商师征有洛克之,二十六年商灭温。"汤之克洛灭温,自必在桀东走斟郭而汤都偃师之后,是桀既东走,汤又用兵温洛,久稽时日,然后东征也。孟子以舜生于诸冯、卒于鸣条为东夷之人,知鸣条之战,谅在东方。《郡县志》:"桀与韦顾之君拒汤于有莘之虚,遂战于鸣条之野。"此汤之东伐,而韦顾先助桀而有有莘之战。《史记》云:"桀败于有娀之虚,奔于鸣条。"《吕氏春秋·简选》:"殷汤良车七十乘,必死六千人,以戊子战于郕,登自鸣条,乃入巢门。"《淮南子·主术训》云:"汤革车三百乘,困桀鸣条,擒之焦门。"又《修务训》云:"汤整兵鸣条,困夏南巢,以其过放之历山。"《荀子》曰:"桀死于亭山。"《书序》云:"战于鸣条之野,夏师败绩,汤从之,遂伐三朡。"《周书·殷祝》云:"桀与其属五百人南徙千里,止于不齐。又徙于鲁。"上述诸地,并在东方,则鸣条亦在东也。《书序》:"汤归自夏,至于大坰。"《史记》作泰卷,古卷县在原武县,是南巢放后,乃西归于亳,经于大坰也。《尚书大传》曰:"桀与其属五百人徙于鲁,曰吾闻海外有人,与五百人俱去。"是桀之南徙,欲逃于海外耳。《吴越春秋》:"禹周行天下,还归大越,登茅山以朝四方群臣,示天下悉属禹也,封有功,爵有德,而留越居靡山,伐木为邑,少康恐禹祭之绝祀,乃封其庶子于越,号曰无余。"则越固夏后之陪都也,少康之封无余,其意盖同于周人封七百里之鲁,桀欲去而之海,岂意在奔越耶!《史记·自序》云:"少康之子,实宾南海。"是桀欲去海外,谅指越耳。

昆吾为夏霸也,与桀同日亡。大彭、豕韦又为殷霸,则其系于三代之盛衰甚巨。《山海经·海内经第十八》云:"炎帝之妻,赤水之子听訞生炎居,炎居生节并,节并生戏器,戏器生祝融,祝融降居于江水,生共工,共工生器术,器术首方颠,是复土壤,以处江水。共工生后土,后土生噎鸣,噎鸣生,岁十有二,洪水滔天。"是祝融者炎帝之胤也。《世本》:"祝融曾孙生伯夷,封于吕,为舜四岳。"许慎以太岳佐夏、侯许,为祖自炎神,《周语》以共工从孙为四岳,皆见共工、祝融同祖炎神也。《大荒西经》云:"颛顼生老童,老童生祝融。"是又别一祝融,旧说每误合为一人,犹重黎之与重及黎也。《风俗通义》说:"颛顼有子曰黎,为苗之民。"郑玄注《吕刑》说:"苗民谓九黎之君。"是应义本于郑氏。《山海经·大荒北经》曰:"颛顼生骥头,骥头生苗民。苗民,黎姓。"郭注曰:"三苗之民。"郭璞注《山海经》谓祝融即重黎,则九黎、苗民、祝融、重黎皆南方之民,故赫胥、祝融亦曰炎帝,纬书或说祝融为三皇,《庄子》叙祝融在羲农之前,是固古之王者。故《诗谱》以郐为祝融之墟,则谓出颛顼之后者,两祝融相涉,谱系之讹也。(《潜夫论·五德志》又以"颛顼身号高阳,世号共工",则颛顼亦疑为南方民族也。《离骚经》曰:"帝高阳之苗裔兮,朕皇考曰伯庸。"《山海经》以颛顼之国在南海,《史记》以青阳降居江水,昌意降居若水,昌意娶蜀山氏女曰昌仆,生高阳。《索隐》以江水、若水皆在蜀,则高阳固产自蜀中江汉之域,初出自南方,故得共工之号,有南海之国耶!)韦昭说:"尧绍育重黎之后,复使典天地之官,羲氏、和氏是也。"是羲和亦南方之民。《大戴礼·帝系》言:"老童产重黎及吴回,吴回产陆终。"《楚世家》说:"帝喾诛重黎,而以其弟吴回为重黎,后复居火正为祝融。"《国语·郑语》说:"祝融其后八姓,己姓昆吾、苏、顾、温、董,彭姓彭祖、豕韦。"稽诸《世本》曰:"陆终娶鬼方氏之妹,谓之女溃,是生六子,破其左胁,三人出焉,启其右胁,三人出焉。其一曰樊,是为昆吾;二曰惠连,是为炎胡;三曰篯铿,是为彭祖;四曰求言,是为郐人;五曰安,是为曹姓;六曰季连,是为芈姓。"《史记·楚世家》说:"季连,芈姓,楚其后也。昆吾氏,夏之时尝为侯伯,彭祖氏,殷之时尝为侯伯。"郑笺《毛诗》亦曰:"豕韦,彭姓也,顾、昆吾,皆己姓。"贾逵曰:"祝融之后,封于豕韦。"是夏商周三代,炎族皆盛,昆吾、大彭、豕韦及楚皆是也。韦、顾、昆吾党于桀恶,韦、顾亦祝融之后也。《周书·尝麦解》:"其在殷(殷当作启)之五子,忘伯禹之命,假国无正,用胥兴作乱,遂凶厥国,皇天哀禹,赐以彭寿,思正夏略。"此彭寿亦彭祖之后为侯伯者,则炎族系于三代之治乱,若是其重也。

《白虎通·号篇》:"昔三王之道衰,而五伯存其政,帅诸侯朝天子,正天下之化,复兴中国,攘除夷狄,故谓之霸也。昔昆吾氏,霸于夏者也,大彭、豕韦,霸于殷者也,齐桓、晋文,霸于周者也。"此所谓五霸。《荀子·王霸篇》以桓、文、楚庄、吴阖闾、越勾践为霸,然勾践之霸,非孔子所知,董子云"仲尼之门,羞称五霸",此必为三代之五霸,而非衰周之五霸审矣。荀子而后,说五霸者,或以秦穆,或以宋襄,皆不合于义,《风俗通》已深明之也。以《白虎通义》之说正之,秦、楚、吴、越,安在其能尊王攘夷,正化存政。《穀梁》隐八年传曰:"诰誓不及五帝,盟诅不及三王,交质子不及二伯。"《公羊传》昭十二年传曰:"其序则齐桓、晋文,其会则主会者为之也,其词则丘窃有罪焉尔。"是《春秋》之义惟二伯,惟齐桓、晋文得为霸耳。曰五伯,并三代计之耳。《春秋》严夷夏之防,霸之非霸,亦系夷夏之辨而已。自周室衰微,政由方伯,中国未沦于夷狄、宗周之得保禋祀者,胥齐桓、晋文之功也,而吴楚何与焉。迄于战国,兼并益盛,九夷、八蛮、六戎、七狄,悉就芟夷(赵破林胡、楼烦,而置云中、雁门、代郡。燕将秦开袭破东胡,却地千里,置上谷、渔阳、右北平、辽东郡。秦昭王灭义渠,置陇西、上郡;又南取汉中,西举巴蜀,伐楚,略取蛮夷,置黔中郡。吴起相楚,南并蛮越,遂有洞庭、苍梧之地。及秦略取陆梁地,又置南海、桂林、象郡,降越君,置会稽郡,废东越为君长,以其地为闽中郡,又北逐匈奴,取河南地四十四县置九原郡)。至淮泗之夷,皆散为民户也。秦一六国而授之汉,开边益远,四夷之款塞内附者尤众,由是胡越诸夏混为一家,而民族遂益繁荣,庞然为一大民族,至是汉族之名立,而夏族之名又渐废也。

十　殷之兴替

《史记·货殖列传》:"夫自鸿沟以东,芒砀以北,属巨野,此梁、宋也。陶、睢阳,亦一都会也。昔尧作游成阳,舜渔于雷泽,汤止于亳,其俗犹有先王遗风。"此东亳也。徐广曰:"今梁国薄县。"为汤之故都。《汉书·地理志》:"河南郡偃师县。"自注云:"尸乡,殷汤所都。"郑注《书序》亦云:"亳,今河南偃师县。"此为汤克夏后之新都。《史记·六国年表》:"故禹兴于西羌,汤起于亳,周之王以丰镐伐殷,秦之帝用雍州兴,汉之兴自蜀汉。"此西亳也,不审汤于何时建之。徐广曰:"京兆杜县有亳亭。"《秦本纪》:"宁公遣兵伐汤社,三年与亳战,亳王奔戎,遂灭汤社。"《索隐》曰:"西戎之君,号曰亳王,盖成汤之胤。"是汤起于西亳,后以支庶王之,以其为契之旧居也。惟偃师曰景亳,景亳犹京亳也,不必以景山得名。魏源说:"汤徙都偃师之景亳,而建东亳于商丘,仍西亳于商州,各设尹以治之,与景亳相辅,所谓邦畿千里。"理或然也。盖以汉南四十国既归商,乃建三亳以限南北,及夏命既革,仍而不废,正所以威夷狄而奠中夏,此殷人长治之策也。皇甫士安说:"谷熟为南亳,大蒙城为景亳,偃师为西亳。"以此为汤都三亳。郑康成注《尚书》三亳阪尹则又云:"东成皋、南辍辕、西降谷,为三亳。"似以魏氏之说为得其实也。汤始都东亳,与葛伯为邻,《孟子》书称:"葛伯放而不祀,汤使遗之牛羊,使亳众往为之耕,葛伯仇饷,汤始征,自葛载,十一征而无敌于天下。"而汤之势厚矣,遂伐桀于河南,徙都景亳。《纪年》:"桀二十一年,商师征有洛克之,遂征荆,荆降。"《越绝书》:"汤行仁义,敬鬼神,天下皆一心归之,荆伯未之从也,汤于是饰牺牛以事荆伯,乃愧然曰,失事圣人礼,乃委其诚心。"《尚书大传》说:"汉南诸侯闻之,归之四十国。"盖殷人尚敬而好鬼神,其遗荆伯、葛伯以牛羊,盖以施鬼教也。《吕氏春秋·顺民》:"汤以身祷于桑林,剪其发,劘其手,以身为牺牲,用祈福于上帝。"此为殷人尚鬼之明证(《殷本纪》言:"帝武乙无道,为偶人谓之天神,与之博,令人为行,天神不胜,乃僇辱之,为革囊盛血,仰而射之,命曰射天。"此事甚奇,当是殷人信鬼过甚之反响)。而即推鬼教以力征诸侯也。《墨子·非攻下篇》:"天有诰命,乃命汤于镳宫,用受夏之大命,曰夏德大乱,予既卒其命于天矣,往而诛之,予必使汝堪之。汤焉敢奉率其众,是以乡有夏之境,帝乃使阴暴毁有夏之城,少间有神来告曰,夏德大乱,往攻之,予必使汝大堪之。予既受命于天,天命融隆火于夏之城间西北之隅,汤奉桀众以克有属诸侯于薄。"夫殷之信鬼神为何如耶?汤既徙都景亳,遂伐洛,又伐楚。《纪年》二十六年商灭温,二十八年而昆吾遂伐商。则以南方既服,遂进而规河北,而昆吾乃莫可坐视也。方汤之西侵,桀则自河南以徙居斟鄩,昆吾盖亦自许而还居于卫。《诗》曰:"韦顾既伐,昆吾夏桀。"郑玄《诗笺》说:"豕韦、顾、昆吾三国党于桀恶,汤先伐韦顾克之,昆吾、夏桀则同时诛也。"《毛诗后笺》曰(《传疏》同):"夏桀之际,昆吾最强,顾在其东,豕韦在其西,连属密迩,汤伐韦顾,锄其与党,而昆吾以成孤国之形。"则昆吾于时固还居于卫也。《竹书纪年》:"桀二十八年昆吾伐商,商会诸侯于景亳,遂征韦,商师取韦,遂征顾,二十九年商师取顾,三十年商师征昆吾,三十一年商师自陑征夏邑,克昆吾。"汤之征,盖自韦顾以及昆吾,自昆吾以及夏,盖至是汤又东北进攻桀于斟寻,战韦顾于有莘之墟,而桀擒于焦门也。《帝王世纪》言:"凡二十七征而德施于诸侯。"是汤已得汉南,乃争河北,及桀失九夷之助,则又进而东征。《尚书大传》说:"桀与昆吾同以乙卯日亡。"知昆吾所系于夏人兴亡之重也。夫夏之中兴也以东夷,商之兴也以得汉南,周之兴也以西戎,三代之兴,胥资于夷狄也如是。汤以东亳兴,以景亳伐夏,《诗》曰:"昔有成汤,自彼氐羌。莫敢不来享,莫敢不来王。"则又进而怀柔氐羌。故建西亳于秦雍也。

殷汤既诛昆吾,以革夏命,即有事于东方。《后汉书·东夷传》曰:"桀为暴虐,诸夷内侵,殷汤革命,伐而定之。"则九夷至是亦臣服于商。终商历年,惟再征蓝夷,一伐鬼方而已。夏人都晋,将以振威灵于北方,而委昆吾以南土。商之时,大彭、豕韦作霸于东南,岂商人以东夷委彭韦耶!《纪年》:"外任元年,邳人侁人叛,河亶甲三年,彭伯克邳,五年侁人入班方,彭伯、韦伯伐班方,侁人来宾。"则殷道尝衰,而大彭、豕韦则建国淮济,渐入九夷巢穴,盖专任殷之东藩者也。侁人即有侁,一曰有莘,在鲁,汤所婚国,此外戚之强者也。邳人在徐,仲虺之宗,此世臣之强者也。是皆东方叛国,盖东土而叛,故商人以二伯制之。《左氏》昭元年传:"虞有三苗,夏有观扈,商有侁邳,周有徐奄。"观、扈、徐、奄,几危夏周,则侁邳之强可见也。盖殷方内乱,而侁邳跳梁,彭韦作伯,正王室播迁、内外多故时也。《盘庚》云:"不常厥邑,于今五邦。"郑注云:"汤自商徙亳。"数商、亳、嚣、相、耿,为五。《孔传》数盘庚迁殷,不数商,盖五邦当成汤之后,而盘庚之前。考仲丁迁隞,隞亦作嚣,河亶甲居相,祖乙迁于邢,邢亦作耿,祖乙又自耿迁于庇,南庚迁奄,此汤后至盘庚之五邦也。《殷本纪》云:"自仲丁以来,废嫡而立诸弟子,弟子争立,比九世乱,商衰,诸侯莫朝。"则自太戊中兴以后,至于盘庚,祸乱相循,则五迁正以政衰国乱,王室不宁故也。《汲郡古文》:"祖乙元年自相迁于耿,命彭伯、韦伯。"《汉书·

地理志》:"河东郡皮氏有耿乡。"于时邳侁之乱方平,彭韦始大,命为二伯,委以东南,而自迁河东,若避其锋者,则所谓巫咸任职商复兴,亦惟君临北方诸侯耳。郑玄云:"祖乙居耿,后奢侈逾礼,土地迫近,山川尝圮焉。"又云:"民居耿久,奢淫成俗。"王肃说:"自祖乙五世至盘庚兄阳甲,宫室奢侈,邑民垫隘,水泉洿卤,不可以行政化。"是祖乙北徙硗瘠,谅不得已,而奢侈逾礼,创业即非。郑玄曰:"祖乙去相居耿,而国为水所毁,于是修德以御之,不复徙也。录此篇者,善其国圮毁改政而不徙。"祖乙以不徙见录,则仲丁迁隞、河亶甲迁相、盘庚迁殷,又以徙而见录何耶?五邦之迁,皆以衰乱可知也。《殷本纪》正义引《竹书纪年》:"自盘庚徙殷,至纣之灭,七百七十三年更不徙都。"是古文以盘庚之迁在河北,与《史记》云"盘庚渡河南,复居成汤之故居"者异。姚姬传以"扬雄说:盘庚北迁,牧野是宅",证迁殷之在河北。《史记·项羽本纪》:"乃与期洹水南、殷虚上。"集解、索隐并引《汲冢古文》云:"盘庚自奄迁于此曰殷墟,南去邺三十里。"(《尚书正义》引作殷在邺南三十里。)此殷墟即盘庚迁处。束皙云:"《书序》盘庚五迁,将治亳殷,旧说以为居亳殷在河南,孔子壁中《尚书》云将始宅殷。"始宅殷者明非汤亳都,斯亦宅殷为居河北之证。《楚语》:"昔武丁能修其德,至于神明,以入于河,自河徂亳。"盖武丁灭大彭,用兵东方,故自河徂薄以征之,非谓便都于亳也。

氐羌南服,自汤以来,服事王室。武丁之际,又复伐楚及鬼方。《诗》曰:"奋伐荆楚,深入其阻。"《易》曰:"高宗伐鬼方,三年而仅克之。"盖商人委东土于二伯,而自专力于西南。扬雄《赵充国颂》:"鬼方宾服。"李善注引《世本注》云:"鬼方于汉则先零戎。"《殷武》言:"昔有成汤,氐羌来享来王。"《匡衡传》谓之"成汤怀鬼方"。是皆鬼方为西戎之证。高宗伐鬼方三年而仅克,则其强可知也。《楚世家》言:"昆吾氏,夏之时常为侯伯,桀之时,汤灭之。彭祖氏,殷之时常为侯伯,殷之末世灭彭祖氏。"贾逵又说:"殷武丁灭豕韦。"《纪年》以为:"武丁三十二年伐鬼方,次于荆。三十四年王师克鬼方,氐羌来宾。四十三年王师灭大彭,五十年征豕韦克之。"是武丁中兴,南伐荆而西伐鬼方,遂东蕲二霸,则武丁之朝诸侯、有天下,武力盛也。《后汉书·东夷传》说:"武乙衰敝,东夷寖盛,遂分迁淮岱,渐居中土。"自武丁至于武乙才五十年,而九夷遂以入中土。自是以后,迄于周之中叶,东夷为强,独非灭大彭、豕韦之过耶? 知霸主系于尊王攘夷之重,而殷自武丁而后,遂渐不可振也。《周语》谓:"孔甲乱夏,四世而殒。帝甲乱商,七世而殒。"商自是遂衰。然《尚书·无逸》说:"其在祖甲,不义惟王,旧为小人,作其即位,爰知小人之依,能保惠于庶民,不敢侮鳏寡。"郑玄说:"祖甲,武丁子帝甲也。祖甲兄祖庚贤,其父武丁欲废兄立弟,祖甲以为不义,逃于人间。"是祖甲亦不失为殷之令主。《汲冢古文》:"祖甲二十四年重作《汤刑》。"繁刑以携远,殷道复衰。《左氏传》昭六年:"夏有乱政而作《禹刑》,商有乱政而作《汤刑》,周有乱政而作《九刑》。"则祖甲之乱商,正以作《汤刑》耳!而《禹刑》之作,盖为孔甲亦可知。郑玄曰:《书说》云:"周穆王以甫侯为相,诸侯有不睦者,甫侯言于王,作修刑辟。"则作修刑辟,固所以威来诸侯。自武丁伐鬼方、灭大彭、克豕韦,遂朝诸侯有天下。祖甲继之征西戎,袭其余烈,是亦欲以威来诸侯者。则孔甲、祖甲之乱夏商,非有暴行虐政。昭四年传曰:"成有岐阳之蒐,康有酆宫之朝,穆有涂山之会。"《国语》叔向曰:"昔成王盟诸侯于岐阳。"此岐阳之蒐也。《汉书·律历志》:"故毕命《丰刑》曰:惟十有二年六月庚午朏,王命作策书《丰刑》。"此作于丰宫之朝也。穆有涂山之会,亦有《甫刑》,三代之事一也。昭六年传以"周有乱政,作《九刑》"。文十八年传太史克曰:"先君周公制周礼,作誓命曰:'毁则为贼,掩贼为藏,窃贿为盗,盗器为奸,主藏之名,赖奸之用,为大凶德,有常无舍,在《九刑》不忘。'"杜预说:"誓命以下,皆《九刑》之书。"是《九刑》之书,周公所作,所谓乱政者,其即东征事耶!孔甲、祖甲之为,非有异于武丁、成、康、周公之为,或以武力不竞,夏商自是遂衰,遂谓之乱耳。《周语》曰:"厉、宣、幽、平而贪天祸。"则宣自不必贤君,惟武力外振,故号为贤也。《尸子》曰:"殷高宗之子曰孝己,有孝行,其母早死,高宗惑后妻之言放之而死。"夫高宗既放孝己，又欲废祖庚，过行多矣。而《孟子》曰："由汤至于武丁，贤圣之君六七作。"殆其能朝诸侯、有天下，遂亦谓之贤也。《史记》称："孔甲好方鬼神，事淫乱。"《左氏》昭十九年传："有夏孔甲，扰于有帝，帝赐之乘龙，河汉各二，各有雌雄。"《周本纪》称："夏后氏之衰也，有二神龙止于夏帝庭，曰：'余褒之二君。'"是孔甲好方鬼神之事也。则孔甲好方鬼神，祖甲不侮鳏寡，又各有间，然均以武力不竞，自是而后，诸侯相兼，而王室卑也。

《周本纪》："公刘虽在戎狄之间，复修后稷之业，周道之兴自此始，故诗人歌乐思其德。"《毛传》说："公刘居于邰，而遭夏人乱，迫逐公刘，公刘乃辟中国之难，遂平西戎而迁其民，邑于豳焉。乃埸乃疆，言修其疆埸也；乃积乃仓，言民事时和，国有积仓也；张其弓矢，秉其干戈戚扬，去之豳，盖诸侯之从者十有八国焉。"是公刘辟中国之难，徙居夷狄，有武事焉，从者十八国，固俨然诸侯之长，宜王业之兴自此始。《鲁语》言："高圉，能帅稷者也，周人报焉。"高圉之大有造于周，谅亦犹杼之于夏、上甲微之于殷，皆有起废继绝之功，惜周事独无考耳。《尚书大传》："文王受命，一年断虞芮之质，二年伐于，三年伐密须，四年伐畎夷，五年伐耆，六年伐崇，七年而崩。"此文王之五伐。《诗》："虞芮质厥成。"传曰："二国之君乃相让，以其所争田为闲田而退，天下闻之而归者四十余国。"周至是乃蔚为大国，可以力征不顺，而为受命之王，是一年受命而来者四十余国。《韩非子·难二》曰:"昔者文王侵盂、克莒、举酆。三举事而纣恶之。"盂即于,《史记》作邘,是二年伐于而定者三国。《诗》曰:"密人不恭,敢距大邦,侵阮徂共。"郑玄笺云:"阮也、徂也、共也,三国犯周,而文王伐之,密须之人乃敢距其义兵。"又云:"殷崇之君,其行暴乱,密阮徂共之君,于是又助之谋,言同于恶也。"是此诸国助纣犯周,三年伐密须而定者四国。《诗·采薇》毛序云:"文王之时,西有昆夷之患,北有狎狁之难,以天子之命,命将率、遣戍役,以守卫中国。"郑笺云:"西伯以殷王之命,命其属为将率,将戍役御西戎及北狄之难。"《出车之诗》曰:"王命南仲,往城于方。"传曰:"南仲,文王之属,朔方,近狎狁之国也。"又曰:"赫赫南仲,狎狁于襄。"则除北狄也。又曰:"赫赫南仲,薄伐西戎。"是攘昆夷也。郑玄说:"畎夷,混夷也。《诗》曰:'混夷骇矣,四年伐之。南仲一行,并平二寇。'"是四年伐畎夷而平者二国。《西伯戡黎》,郑玄曰:"入纣圻内。"是五年伐耆乃至殷之畿甸。《大戴礼》:"纣不悦诸侯之听于周昌,乃退伐崇、许、魏。"是六年伐崇而平者三国。《荀子·仲尼篇》言:"文王诛四,武王诛二,周公卒业。"诛四者当即此五伐,以伐耆为天子圻内,故不计也。《易是类谋》:"文王比隆兴始霸,伐崇,作灵台,受赤雀丹书,称王制命。"是文王之伐,以崇为大。《诗·维清》笺云:"文王受命,始祭天而枝伐也。"《中候我应》云:"枝伐弱势。"郑注云:"先伐纣之枝党,以弱其势,若崇侯之属,是枝之文也。"亦惟举崇言之。《我应》云:"元汤伐乱崇嬖首,王曰于戏,斯在伐崇谢告。"郑注:"天命此在伐崇侯虎,谢百姓且告天。"是亦大伐崇之义也。《左氏》僖十九年传:"文王闻崇德乱而伐之,军三旬而不降,退修教而复伐之,因垒而降。"则崇之强于此可见。郑氏《皇矣》笺云:"文王伐崇,而无复敢悔慢周者,无复侜尿文王者。"盖崇固西方大国,纣之西藩,亦犹奄为东方大国,为商东藩。自西崇灭而殷商之枝属以剪,周遂制命称王,而西方之形势毕归于周也。

《汲冢纪年》:"太戊二十六年西戎来宾,王使王孟聘西戎。阳甲三年西征丹山戎。祖甲十二年征西戎。"盖自兹而后西戎渐强,遂以多事,而时见纪录也。《后汉书·西羌传》说:"武乙暴虐,犬戎寇边,周古公逾梁山而避于岐下。及于季历,遂伐西落鬼戎。太丁之时,季历复伐燕京之戎,戎人大败周师。后二年周人克余无之戎,于是太丁命季历为牧师。自是之后,更伐始呼、翳徒之戎,皆克之。及文王为西伯,西有昆夷之患,北有猃狁之难,遂攘戎狄,而戎莫不宾服,乃率西戎征殷之叛国以事纣。及武王伐商,庸、蜀、羌、髳、微、卢、彭、濮人,率会于牧野。"盖自西戎渐强,惟季历能创之,伐鬼方则俘二十翟王,其强可见。太丁遂命季历为牧师,继嫉其强盛,复杀季历,一若武丁之于大彭、豕韦者。帝乙三年,命南仲西拒昆夷,城朔方,殷尝以西陲之事委周也。《纪年》:"帝辛四年大蒐于黎,二十二年大蒐于渭,二十三年囚西伯于羑里。"《左氏》昭四年传言:"纣为黎之蒐,东夷叛之。"昭十一年传言:"纣克东夷而陨其身。"杜预曰:"黎,东夷国名。"盖武乙以来,二伯久陨,东夷遂强,纣方有事于东,未暇兼顾西鄙,故命文王为西伯,以西土委之,以黎之蒐而克东夷,则渭之蒐所以绥西戎,纣既西蒐,翼年而文王囚也。襄三十一年传:"纣囚文王七年,诸侯皆从之囚,纣于是乎惧而归之。"(《左传》文)"赦西伯,赐之弓矢斧钺,得专征伐。"(《史记》文)西伯侵孟、克莒、举酆,三举事而纣恶之,文王乃惧。请入洛西之地、赤壤之国方千里,以请解炮烙之刑。仲尼闻之曰:"仁哉文王,智哉文王。"(《韩非子·难二》)盖文王以欲解纣之忌、播纣之恶,而悦己于诸侯,故孔子谓之智也。郑玄《诗谱》说:"帝乙初命王季为西伯,至纣又命文王典治南国江汉汝旁之诸侯。"是纣既恶文王,以扼于从囚之诸侯,欲杀之而未能。西戎既多殄灭,则即使专征伐,南国既已向周,则即使典治之,佯羁縻而已。《殷本纪》言:"诸侯有叛者,于是纣乃重刑辟。"此与穆王以诸侯有不睦者作修刑辟何异？盖自帝乙之立,殷益衰,故宜修刑以威诸侯,抚中国。纣以西伯、九侯、鄂侯为三公,则醢九侯、脯鄂侯。《韩非子》说:"翼侯炙,鬼侯腊,梅伯醢。"《拾遗记》:"纣之昏乱,欲讨诸侯,使飞廉等惑所近之国,侯服之内,使烽燧相续,纣登台以望火之所在,乃兴师往伐其国,杀其君,囚其民。"则纣方有事于中国以禁反侧,而急与文王争诸侯也。《天问》:"桀伐蒙山,何所得焉?"《汲冢纪年》:"十四年,桀命扁帅师伐岷山,岷山庄王女于桀二女,曰琬曰琰。"《韩非·难四》:"桀索岷山之女。"盖桀尝西征。刘敬言:"公刘避桀居豳。"《吴越春秋》言:"公刘避夏桀于戎狄。"是桀势西侵,公刘则徙居戎狄以避之,是桀纣之暴非他,亦欲如武丁、周宣之以力征而朝诸侯耳。既曰:"文王乃率西戎征殷之叛国。"则其伐密须,伐阮、徂、共,戡耆,伐崇,皆以西戎之力。是文王遂又假尊王之名,率戎以侵中国,亦东向而争诸侯,武王又率汝汉诸蛮而诛纣于坶野。《竹书纪年》云:"武王率西夷伐殷。"则夷狄与霸君之系于兴亡,又可见矣。《淮南子·道应训》:"文王归,乃为玉门,筑灵台,相女童,以待纣之失也。纣闻之曰:'周伯昌改道易行,吾无忧矣。'"是文王尝易行改道以释纣西顾之忧,俾敝于东而后承之,其处心固无殊于战国之权变。《韩非·内储》:"文王资费仲而游于纣之旁,令之间纣而乱其心。"《喻老》:"周有玉版,纣令胶鬲索之,文王不与。费仲来求,因与之。是胶鬲贤而费仲无道也,周恶贤者之得志也。"文王之处心何如,于此亦足见之。《说苑·武指》说:"文王曰:'密须氏疑于我,可先往伐。'管叔曰:'不可,其君,天下之明主也,伐之不义。'文王用太公言,遂伐密须灭之。"《诗》曰:"密人不恭,敢距大邦。"岂疑于我之谓不恭耶!则文王、太公之谋,管叔之所不喜也。武王既没,管叔遂率淮夷以武庚叛,则管叔之义高矣。《周本纪》言:"崇侯谮西伯于纣曰:'西伯积善累德,诸侯皆向之,将不利于帝。'纣乃囚西伯。"纣囚文王七年,诸侯皆从之囚,纣于是乎惧而归之(间用《左传》文)。则曰"谮西伯者崇侯虎也",此与汉景晁错之事何异?《说苑·武指》说:"文王欲伐崇,先宣言曰:'余闻崇侯虎蔑侮父兄,不敬长老,百姓尽力不得衣食,余将征之。'"则崇侯遂成元凶巨憝,此亦有扈氏威侮五行、怠弃三政之比也。《韩非子·外储说左下》:"费仲说纣曰:'西伯昌贤,百姓悦之,诸侯附焉,不可不诛。'"则费仲与崇侯虎之用心固同。《说苑·杂言》:"费仲、恶来、革、崇侯虎顺纣之心,欲以合于意,武王伐纣,四子身死牧之野,头足异所。"是四子者固纣之心膂,犹昆吾之与夏桀同日亡,非必不肖人也。《竹书纪年》所称"益干启位,启杀之。太甲杀伊尹。太丁杀季历,共伯和干王位,夏年多殷,周受命至穆王百年"。《史记》又说:"周公奔楚。"在昔视为齐东野人之语者,固皆可信,复得质证于韩非、鲁连、诸子之书,则谓六经之所美刺为实事者陋矣。

殷之末世,戎强于西,夷强于东,季历、文王继世征攘,西戎遂以内附,而东夷则犹梗化。盖《东夷传》云:"武乙衰敝,东夷浸盛,遂分迁淮岱,渐居中土。"则纣之世,二伯既殒,东夷之强可知。昭二十四年传:"《太誓》曰:'纣有亿兆夷人,亦有离德。'"杜预注:"纣众亿兆,兼有四夷,不能同德,终败亡也。"《周本纪》言:"纣发兵七十万,拒之牧野。"则纣师之倒戈,盖以夷人之离德,不为纣用。曰亿兆,曰七十万,其辞虽夸,要足以见东夷之强盛。《韩非子·初见秦》:"昔者纣为天子,将率天下甲兵百万,左饮马于淇溪,右饮马于洹溪,淇水竭而洹水不流,以与周武王为难。"皆见纣众之盛也。盖纣为黎之蒐而克东夷,虽胁之以威,俾起师自容间至浦水(《帝王世纪》文),以战于牧野,即以夷人之未附而亡。桀以不能起九夷之师而亡,纣以东夷之倒戈而亡,则东夷系于夏商之兴亡如此。桀不能起九夷之师而三致国于汤,以自徙南巢,纣则强九夷之师以战于牧野。夏于昆吾共终始,而商则先翦大彭、豕韦,杀季历,凡以见商人之暴,不如夏人之宽。《礼·表记》:"子曰:'夏道尊命,先禄而后威,先赏而后罚,亲而不尊。殷人尊神,先鬼而后礼,先罚而后赏,尊而不亲。'"《殷本纪》:"汤曰吾甚武,号曰武王。"《荀子·正名篇》云:"刑名从商。"《周书·史记解》:"严兵而不仁者,其臣慑,民不亲其吏,刑始于亲,远者寒心,殷商以亡。"《左氏》宣十二年传曰:"纣之百克而卒无后。"宣十五年传曰:"夫恃才与众,亡之道也,商纣由之故灭。"此皆夏宽殷猛之证。故桀既放逐,而汤有惭德,纣已焚死,而武王又射之三发,以黄钺斩纣头,悬于赤斾,商周之报之也亦殊,非偶然也。

十一　周之兴替

文王率西戎以征叛国,武王率江汉汝旁之诸侯以伐殷。周之始兴,先定西南,遂观兵孟津,东向以争大位。《孟子》曰:"周公相武王诛纣伐奄,三年讨其君。"赵岐注:"奄,东方无道国。奄,大国,故特伐之。"《郡国志》:"鲁国,古奄国。"既诛纣以定中原,又伐奄以奠东方,而后天下毕定。《荀子·仲尼篇》言:"文王诛四,武王诛二,周公卒业。"盖诛纣伐奄之为诛二也。三年讨其君,盖定商奄之难也。乃封太公于齐以表东海,封召公于燕以临其北,封周公于鲁以处其南。《逸礼》曰:"太公为太师,周公为太傅,召公为太保。"周之三公重臣,毕封于东,重权积势以制之,则以东土未集,其备之乃若是其严也。《齐世家》言:"太公至国,莱侯来伐,与之争营丘。营丘边莱,莱人,夷也,会纣之乱而周初定,未能集远方,是以与太公争国。"当时东夷之暴,于此亦足见之。《周本纪》言:"封商纣子禄父,抚殷之余民,为殷之初定未集,乃分其畿内为三国。"郑玄《诗谱》说:"周武王伐纣,以其京师封纣子武庚为殷后,三分其地置三监,使管叔、蔡叔、霍叔尹而教之。自纣城而北谓之邶,南谓之鄘,东谓之卫。"以三公镇东土,以三监镇殷墟,则诛纣伐奄,既有天下之后,周人所以制商奄之方略,固燎若指掌也。《王制》言:"天子使其大夫为三监,监于方伯之国。"岂彼时殷势尚盛,故以武庚为方伯耶!《齐世家》言:"周成王少时,管蔡作乱,淮夷叛周,乃使召康公命太公,东至于海,西至于河,南至于穆陵,北至于无棣,五侯九伯,实得征之。"则周人以殷乱付周公讨之,以东夷之乱俾太公讨之。盖周虽以三公毕封于东,而周召二公皆留相王室居内,东土唯委之于齐。《书序》言:"伯禽宅曲阜,徐夷并兴,东郊不开,作《粊誓》。"《鲁世家》言:"管蔡等反,淮夷、徐戎亦并兴师,于是伯禽率师伐之,遂平徐戎。"则鲁人东攘,视齐尤力。夫太公在齐,海岱之间,敛衽而朝焉,势非不厚、权非不重也,乃当宗周之急,乃拱手以观其成败何耶? 及周公战于殷,伯禽战于鲁,王室赖以复宁。《书序》言:"召公、周公相成王为左右,召公不说,周公作《君奭》。"太公岂亦有疑志于周公耶!

《鲁世家》言:"管、蔡、武庚果率淮夷而反,周公兴师东伐,遂诛管蔡,杀武庚,宁淮夷,东土诸侯,咸复宗周。"《诗》曰:"周公东征,四国是皇。"《毛传》说:"四国,管蔡商奄也。"盖周公既戡殷乱,又定淮夷,而东土始宁,固非伯禽之力所能蕆事。周初之所致虑者即殷墟与东夷,故以三公三监镇之,而相率以叛者,即此两大势力,其强固未易服也。《尚书大传》:"奄君薄姑谓禄父曰:'武王既死矣,今王尚幼矣,周公见疑矣,此世之将乱也,请举事。'然后禄父及三监叛也。"则管蔡之乱,奄人实启之。《韩非子》说:"周公将攻商盖,辛公申曰:'不如服众小以劫大。'乃攻九夷,而商盖服矣。"商盖即商奄,是奄果大国,而周人之劲敌,周公亦仅服之而已。《周本纪》言:"周公行政七年,反政成王,东伐淮夷,残奄,迁其君薄姑。"《尚书孔传》:"成王即位,淮夷、奄国又叛,王亲征之,遂灭奄而徙之。"《帝王世纪》:"成王既营都洛邑,复居丰镐,淮夷及徐戎、商奄又叛,王乃大蒐于岐阳,东伐淮夷。"又以见周公惟宁淮夷,服商奄,至成王乃伐而残之,然后东土始大定,东夷固周人之劲敌,历久而后弱削也。《周书·作雒解》:"三叔及殷东徐奄及熊盈以畔。"又云:"凡所征熊盈族十有七国,俘维九邑。"足见东征灭国之多。《孟子》云:"诛纣伐奄,三年讨其君,灭国者五十。"《汉书·地理志》:"临淮郡徐县。"自注:故国,盈姓,至春秋时徐子章禹为楚所灭。"《左氏》昭元年传:"周有徐奄。"杜注:"二国皆嬴姓。"《正义》以为《世本》文也。是盈即嬴姓,徐奄之属是也。《世本》云:"淮夷,嬴姓。"又言:"江黄二国皆嬴姓。"见嬴姓之国之多。是周公之攻九夷,成王之伐东夷(《书序》),其皆嬴姓之国而少昊、皋陶之裔也。《秦本纪》言:"中衍,鸟身人言,太戊闻而卜之,使御吉,遂致使御而妻之。自太戊以下,中衍之后,遂世有功,以佐殷国,故嬴姓多显,遂为诸侯。"是嬴姓固殷之世臣,其叛周宜也。"恶来有力,飞廉善走,父子俱以材力事殷纣,武王伐纣,并杀恶来。"《孟子》曰:"驱飞廉于海隅而戮之。"嬴氏固世忠于殷。而海隅其根据地也。《帝王世纪》言:"皋陶,偃姓。"应劭说:"偃姓,皋陶之后。"《世本》:"偃姓舒庸、舒蓼、舒鸠、舒龙、舒鲍、舒龚。"杜预以舒为东夷国人。《路史》云:"少昊后偃姓舒国。"是偃姓亦少昊、皋陶之裔。周公荆舒是惩,尝并伐此群舒也。武王克殷而巢伯来朝,郑玄以为"南方世一见者"。徐邈曰:"巢,偃姓之国。"盖武王诛纣伐奄,嬴偃之族,并皆率服。及周公摄政,而嬴偃之族并起而叛之,嬴偃之族并出少昊,而又皆为东夷之国,亦足证少昊、皋陶并属东夷,而泰族之苗裔也。其熊姓之国,赵佑以为即楚之先,岂熊绎初封遂叛周耶?《左氏》桓十二年传"罗人",《正义》以《世本》"罗,熊姓国"。周初固有熊姓之国而党于商者,然已不可考也。即周公伐楚,未必即用兵丹阳也。

《禹贡》,夏人之九州;《职方》,周人之九州。故孙炎等并谓《尔雅》所述为殷人之九州。《尔雅》有营州而《职方》无之,《职方》之幽州薮㹟养,川河泲,浸菑时,皆在山东。然《尔雅》"齐曰营州",在青州之东,其东北又距海,至周全失之。《尔雅》曰"燕曰幽州",在辽水东西,至周则不能全有之。周人东北属土,视殷人固远逊也。《书传》曰:"武王释箕子之囚,箕子不忍周之释,走之朝鲜,武王闻之,因以朝鲜封之。"《宋世家》云:"武王封箕子于朝鲜而不臣。"则周地东不及营州,以箕子固不臣也。《史记》:"伯夷、叔齐,孤竹君之二子也,武王既平殷乱,天下宗周,伯夷、叔齐耻之,义不食周粟,隐于首阳山。"许叔重说:"首阳山在辽西。"章枚叔以为今卢龙东南二十五里有首阳山,即古首阳山。《庄子·让王》:"夷齐北至于首阳之山。"幽州固在中国之北,则周地不能全有古幽州,岂以夷齐之义不臣周故耶!《书传》曰:"伯夷避纣,居北海之滨,太公避纣,居东海之滨,皆率其党曰:'盍归乎,吾闻西伯昌善养老。'"则伯夷、太公之各有其徒党也。《书传》又曰:"散宜生、闳夭、南宫括,三子者学乎太公,太公遂与三子见文王于羑里,文王以为四友,以免虎口。"郑注:"吕尚有勇而为将,散宜生有文德而为相。"《诗毛传》说:"文王有四臣以受命。"是太公之党,贤才若此,则伯夷之党亦可知。殆既从伯夷返,隐处于首阳北海之滨,遂无从考耳。《韩非子》:"纣为长夜之饮,箕子谓其徒曰:'为天下主而一国皆失日,天下其危矣。'"是箕子亦有其徒人。史称:"箕子耻臣周室,率国人五千避地朝鲜,遂王其地。"则首阳朝鲜之隐,固有义士五百、君子六千为之从。《汲冢书》:"武王十三年率虎贲三千人渡河,伯夷、叔齐扣马而谏,武王不听,去隐于首阳山。或告伯夷、叔齐曰:'胤子在郜,父师在夷,奄孤竹而君之,以夹煽王烬,商可复也。'"是孤竹之隐,朝鲜之避,其志固深。《韩非·外储》:"伯夷以将军葬于首阳山之下。"则伯夷诚非肥遁士也。然则周之封燕所以备幽州,而封齐所以备营州耶!

《周书·作雒》称:"周公既克殷乱,俾康叔宇于殷,俾仲旄父宇于东。"孔晁注:"东谓卫,殷谓鄘。"孙仲容据《世本》以"康叔子康伯名髦,即此仲旄父"。则周公克殷救乱之后,建康叔于卫,俾仲旄父分治之,以镇殷墟,代三监之任也。《史记》言:"周封伯禽、康叔于鲁卫,地各四百里;太公于齐,兼五侯地。"周初大国,惟此三国耳。《左传》定四年传:"因商奄之民,命以伯禽而封于少昊之墟。"班固言:"周成王时,薄姑氏与四国作乱,成王灭之以封师尚父。"是鲁之大,自商奄既平后益封之,齐之大,自灭薄姑后益封之。《齐语》桓公问管仲曰:"吾欲南伐,何主?西伐,何主?北伐,何主?对曰:南以鲁为主,西以卫为主,北以燕为主。"是下至桓公之霸,犹以燕卫鲁三国为强。成王盖以齐人战不如鲁人之力,乃大封鲁,以东方之任付之;康叔、仲旄宇于庸卫,以殷墟之任付之。则殷乱既平,周人制商奄二国之方略,又一变也。《诗序》:"《旄丘》,责卫伯也。狄人迫逐黎侯,卫不能修方伯连率之职。"则卫固方伯也。郑注《尚书》云:"分卫为并州。"是卫地北至并州,其辽如是。班固说:"齐桓公更封卫于河南曹、楚丘,而河内殷虚,更属于晋。"则卫自懿公后始失北方地,而晋始大。郑玄《诗谱》："邶、鄘、卫,冀州太行之东,北逾衡漳,东及兖州桑土之野。"则康叔受封之地,广可知也。《左氏》定四年传:"分鲁公以殷民六族,条氏、徐氏、萧氏、索氏、长勺氏、尾勺氏,使帅其宗氏,辑其分族,以商奄之民,命以伯禽,而封于少昊之墟。分康叔以殷民七族,陶氏、施氏、繁氏、锜氏、樊氏、饥氏、终葵氏,命以《康诰》而封于殷墟,皆启以商政,疆以周索。"夫鲁卫之封,同以商民以商政,以唐叔封于夏虚,启以夏政推之,则卫固殷虚,鲁亦殷虚也。《纪年》:"殷自南庚以来居奄,盘庚始自奄迁殷。"许慎曰:"郰,周公所诛,国在鲁。"郑玄曰:"郰在淮夷之北。"曰商奄,正以商人尝都此奄国也。商有邳之乱,而大彭作伯徐淮,有侁之乱,而豕韦作伯鄘卫,商人又自居之。周既翦商,盖以其归殷久则难变,乃大建鲁卫以制之,诚以周南、召南被文王之化深,而商奄殷虚,尚殷顽之窟宅也。自武庚既诛,以殷民六族封鲁,七族封卫,或从微子徙于宋,或徙之成周,而殷民弱散,不能复叛也。《左氏》定六年传:"太姒之子惟周公、康叔为相睦也。"盖周公鉴二叔之不咸,而移康叔于卫以自固,故曰"鲁卫之政,兄弟也"。自鲁卫之建,而王业遂固也。

《明堂位》:"成王以周公勋劳于天下,于是封周公于曲阜,地方七百里,革车千乘。"《王莽传》说:"成王之与周公也,开七百里之宇,兼商奄之民。"盖殷之余民,分之于宋于卫于鲁于成周之后,遂不能复叛,而奄则犹强,至成王时再叛再征。则鲁卫益封四百里,为周公东征时事。及成王伐淮夷、残奄,以东夷屡叛,又益封鲁至七百里也。《閟宫》之诗:"王曰叔父,建尔元子。俾侯于鲁,大启尔宇,为周室辅。"笺云:"封以七百里,欲其强于众国。""乃命鲁公,俾侯于东。锡之山川,土田附庸。"笺云:"加赐之以山川土田,及附庸令专统之。《王制》曰:'名山大川不以封诸侯,附庸则不得专臣也。'"定四年传:"周公相王室以尹天下,分之土田陪敦。"杜注:"陪,增也。敦,厚也。"夫王圻千里,为方百里者百,今鲁方七百里,为方百里者四十有九,则已半于天子之邦也,则周公之陪敦若是。《诗》曰:"奄有龟蒙,遂荒大东。至于海邦,淮夷来同。"又曰:"保有凫绎,遂荒徐宅。至于海邦,淮夷蛮貊。及彼南夷,莫不率从。"是周公所率,自淮海而及南夷蛮貊也。《孟子》称:"戎狄是膺,荆舒是惩,周公方且膺之。"《吕氏春秋·古乐篇》:"成王立,殷民反,王命周公践伐之,商人服象为虐于东夷,周公遂以师逐之至于江南。"是周公兵威,远被荆扬,尝伐荆楚而击群舒。《蒙恬传》说:"周公奔楚。"正以周公之剔彼东南也。《荀子·王制》言:"周公东征而西国怨。"诛商奄则东征也。又言:"周公南征而北国怨。"伐荆舒则南征也。《鲁世家》言:"成王乃命得郊祭文王,鲁有天子礼乐者,以褒周公之德。"故《明堂位》曰:"鲁,王礼也。"《左氏》僖二十四年传曰:"昔周公吊二叔之不咸,故封建亲戚以蕃屏周,管、蔡、郕、霍、鲁、卫、毛、聃、郜、雍、曹、滕、毕、原、酆、郇,文之昭也,邢、晋、应、韩,武之穆也,凡、蒋、邢、茅、胙、祭,周公之胤也。"《荀子·儒效》言:"周公兼制天下,立七十一国,姬姓独居五十三人,周之子孙苟不狂惑者,莫不为天下之显诸侯。"岂惟姬姓独多,而周公且大封其支庶,比于文武,其势重拟于天子,则鲁有天子礼乐者,以鲁固拟于周而东方诸侯之长也。《孟子》曰:"周公之封于鲁也,为方百里;太公之封于齐也,亦为方百里。"此周初之制,周公、太公受封之疆里也。因薄姑以封太公,于是兼五侯地,因商奄以封伯禽,因三监以封康叔,于是地各方四百里,此既平殷后之制,伯禽、康叔受封之疆里也。成王之与周公也,开七百里之宇,此残奄后益鲁之疆里也。班固言:"武王崩,三监叛,周公诛之,尽以其地封康叔。"是卫初封固已尽得三国地。而郑玄《诗谱》云:"成王杀武庚,伐三监,更于此三国建诸侯,以殷余民封康叔于卫,后世子孙稍并彼二国。"赵岐注《孟子》亦谓:"周公、太公地尚不能满百里,后世兼侵小国,今鲁乃五百里矣。"则东汉儒者不识三国益封之义,故立说与司马迁乃大背也。

周初以三公镇东夷,以三监镇殷墟,管蔡既平,又以伯禽镇东夷,以康叔镇殷虚,此周人理其新疆之方略也。周之始兴,先得西戎,又得南国,此周人之旧疆也。则分陕以东,周公治之,及于汝汉,谓之周南;分陕以西,召公治之,及于江沱,谓之召南;此周人理其旧疆之方略也。

周人既宅丰镐为西都以固其根本,周公又营成周,召公营王城,为东都以朝诸侯,内分之为周召,外辅之以鲁卫,内外相维,周之所以多历年所者,非偶然也。夏人托有吕、昆吾于许,而都晋阳城,封支庶于越,此从术也。殷人建三亳而委东土于彭韦,周人以西都固根本,以东都朝诸侯,而辅之以鲁卫,此横术也。三代之操术也各不同。惟周人之立制,其用意更密也。然自周公兼夷狄至穆王享国才百年,仅成康之际刑错而已。在昭王时,王室已不振,图治固又若斯之难。《周本纪》言:"昭王之时,王道微缺,昭王南巡狩不返,卒于江上。"《吕氏春秋》言:"昭王亲将征荆蛮,辛余靡长且多力,为王右,还反涉汉梁,败,王及祭公陨于汉。"《竹书纪年》:"昭王十六年,伐楚涉汉,十九年,祭公、辛伯从王伐楚,丧六师于汉,王陟。"周室至是已微弱,二南被化独深之国,而荆蛮已抗命于其间,则王室之衰可知也。《周本纪》言:"昭王卒于江上,子满立,是为穆王。穆王即位,春秋已五十矣,王道衰微,穆王闵文武之道缺,乃命伯臩申诫太仆国之政,作《臩命》,复宁。"是周室至是而衰也。穆王将征犬戎,祭公谋父谏曰不可,王遂征之,得四白狼、四白鹿以归,自是荒服者不至。则穆王内修政理、外攘夷狄之令主也。《匈奴列传》言:"武王放逐戎夷,其后二百有余年而穆王伐犬戎,后二百有余年犬戎攻杀幽王骊山下。"则穆王西征,固周之一大事也。《赵世家》《秦本纪》皆言:"缪王使造父御,西巡狩,见西王母,乐而忘归。徐偃王作乱,缪王日驰千里马,攻徐偃王,大破之。"(《纪年》以征徐在前,西巡在后,与《史记》不同,此从《史记》。)《东夷传》言:"徐夷僭号,乃率九夷以伐宗周,西至河上。穆王畏其方炽,乃分东方诸侯,命徐偃王主之,偃王处潢池东,地方五百里,行仁义,陆地而朝者三十六国。穆王得骥騄之乘,使造父御以告楚,令伐徐,一日而至,于是楚文王大举兵而灭之。"盖穆王方有事于西征,徐偃王乘之,率九夷以伐宗周,通沟陈蔡之间,欲舟行上国。穆王之兵尚西征未返,不得已暂分东方诸侯命主之,而南合楚,周楚之兵合而偃王败也。《韩非子·五蠹》说:"徐偃王处汉东,地方五百里,行仁义,割地而朝者三十六国,荆文王恐其害己,举兵伐徐,遂灭之。"《说苑·指武》说:"王孙厉谓楚文王曰:'徐偃王好行仁义之道,汉东诸侯三十六国尽服矣,王若不伐,楚必事徐。'文王遂兴师伐徐,残之。"桓六年传鬭伯比曰:"我不得志于汉东也,我则使然。"是徐人之王以得汉东诸侯,而楚人亦欲得志于汉东,故穆王令楚伐徐,而楚人利为之。《纪年》:"穆王六年,徐子诞来朝,锡命作伯。十二年,毛伯莊、共公利、逢公固帅师从王伐犬戎,冬十月北巡狩,遂征犬戎。十三年,祭公帅师从王西征,次于阳纡。七月西戎来宾,徐戎侵洛。十四年,王师、楚子伐徐戎克之。三十五年,荆人入徐,毛伯迁帅师败荆人于泲。三十七年,伐楚,大起九师,东至九江,叱鼋鼍以为梁,遂伐越,至于纡,荆人来

十一 周之兴替

贡。"此穆王将有事于西戎,而命徐子作伯以羁縻之,至戎事方急,而徐伐洛,则使楚人攻之,及楚已得志,遂争徐,则使毛伯败之,又大起九师亲征至于九江,而楚人来贡。昭四年传说:"穆有涂山之会。"《纪年》:"穆王三十七年伐楚,三十九年会诸侯于涂山。"盖东土于是大定,至是而三方之外患平,则穆王固周之令主耶!"诸侯有不睦者,甫侯言于王作修刑辟,命曰《甫刑》。"《孔子》编之《尚书》,良有以也。盖穆王作《囧命》以申政令,作《吕刑》以齐诸侯,故能西克戎,东克夷,南克楚,盖内修而外武也。

《后汉书·东夷传》说:"偃王仁而无权,不忍斗其人,故致于败,乃北走彭城,百姓随之者以万数。"《说苑·指武》说:"徐偃将死,曰:'吾赖于文德而不明武备,好行仁义之道而不知诈人之心,以至于此。'"《淮南子·说山训》说:"徐偃王以仁义亡国。"许慎曰:"夷俗仁。"于徐偃王见之也。《前汉·地理志》说:"东夷天性柔顺,异于三方之外,故孔子悼道不行,设桴于海,欲居九夷。"《后汉·东夷传》说:"东夷率皆土著,天性柔顺,憙饮酒歌舞,或冠弁衣锦,器用俎豆。"此其为君子之国乎?刘宝楠《论语正义》据《地理志》以为汉人师说浮海即居九夷,皇侃说九夷悉高丽、乐浪迤东地,故欲浮海者,将之朝鲜,从箕子之迹耳。自淮徐以属之胶莱,沿渤海达于朝鲜、日本,悉九夷地,其民则泰族之同支也。《子思子》称东扈氏之熙载也,将即此之东屠乎?古都养或作扈养,都、屠则皆从者声也。《东夷传》:"高驹骊其国东有穴,号燧神,以十月迎而祭之。"将即燧人之传说乎?

宣王中兴之初,外攘夷狄,命秦仲伐西戎,尹吉甫伐猃狁,方叔伐荆蛮,召穆公伐淮夷,王自帅师伐徐戎。《江汉》之诗义"召穆公平淮夷也",曰:"淮夷来求,淮夷来铺。"又曰:"江汉浮浮,江汉之浒。"此淮南之夷也。《常武》之诗曰:"率彼淮浦,铺敦淮濆。"亦平淮夷事也。又曰:"省此徐土,濯征徐国。"则淮北之夷也。吉甫、方叔、召虎既平三方之难,而王又自帅太师皇父、司马程伯休父东征,盖宣王之注全力以经略东方也。《崧高》之诗曰:"王遣申伯,路车乘马。往近王舅,南土是保。"盖方叔既平荆蛮,周人则以南方托之申伯。《韩奕》之诗曰:"王锡韩侯,其追其貊。奄受北国,因以其伯。"盖吉甫既平猃狁,周人即以北方之任付之韩侯,迥与周初分陕之治殊也。《烝民》之诗曰:"王命仲山甫,城彼东方。"又言:"仲山甫徂齐,式遄其归。"淮徐既平,东方之任,周人使王臣自理之,不以属诸侯。《鲁世家》言:"宣王伐鲁,杀其君伯御。"自伐鲁城齐,则威势东振,由丰镐以达徐淮,皆天子自理之。《尚书大传》及郑玄并以《鲜誓》在《顾命》后、《甫刑》前,则《鲜誓》一篇,非成王时事,固徐偃王僭号而鲁人南征之书耶!穆王之时,鲁人尚专征伐,及宣王东伐,乃鲁不与焉,鲁之不复主东诸侯,盖自此始也。宣王亲征徐戎,而以召穆公伐淮夷。《崧高》之诗曰:"王命召伯,定申伯之宅。"宣王以南土付申伯,而使召伯定之。《韩奕》之诗曰:"溥彼韩城,燕师所完。"宣王以北国付韩侯,而命燕师完之。燕,召康公之胤也,是宣王中兴,多倚于召穆公,已非周初周召分陕之局,而侧重于召公也。《召旻》之诗则曰:"昔先王受命,有如召公,日辟国百里。"《黍苗》之诗曰:"悠悠南行,召伯劳之。烈烈征师,召伯成之。"皆周人独扬召公之证。《周语》:"鲁武公以括与戏见王,王立戏,樊仲山甫谏曰:'不可立也,不顺必犯,犯王命必诛。'王卒立之。武公薨而戏立,是为懿公。兄括之子伯御攻弑懿公而自立,宣王遂伐鲁杀伯御。"是鲁之乱,宣王乱之,于是陕以东亦召公治之。岂宣王以鲁之大,固召其乱,因伐而弱之耶!此见宣之中兴,重视东土,远过南北二方,其轻视西戎则又更甚,故西戎唯付之附庸之大夫秦仲,秦仲遂以死于戎,将穆王之创西戎也最深,故宣王之轻戎人也亦最甚耶!宣王晚年,西戎之祸益炽,五败王师,则以中国久疲,兵力耗竭故也。《周本纪》言:"三十九年,战于千亩,败绩于姜氏之戎,宣王既亡南国之师,乃料民于太原。"则王室卒徒以丧于江汉者既众,而周以困也。《祈父》之诗序:"谓刺宣王也。"郑笺云:"此勇力之士,责司马之辞也,爪牙之士,当为王闲守之卫,女何移我于忧。谓见使从军,与姜戎战于千亩而败之时也。六军之士,出自六乡,法不取于王爪牙之士。"则千亩之战,宣王感战士之不足,起爪牙之士以战不胜,又料民于太原,而终不能克西戎。《赵世家》云:"造父以下六世至奄父,周宣王时伐戎之御,及千亩战,奄父脱宣王。"则骊山之变之未现于千亩之役者亦仅也。宣王之创东夷也独深,故东夷是后遂不可复振。西征则屡战而屡挫,故骊山烽炬,而卒覆宗周者即西戎,中兴之功,亏之一篑,盖强弩之末,不能穿鲁缟,固势理之恒然者也。

《左氏》昭四年传:"周幽为太室之盟,戎狄叛之。"岐阳之蒐,涂山之会,太室之盟,其事一同,幽王盖亦欲以武力服诸侯者。于时承戎人五败王师之后,命伯士伐六济之戎,军败,伯士死焉。《周本纪》言:"幽王为烽燧大鼓,有寇至则举火,诸侯悉至。"于时王室之迫危,有待于征攘可见也。《诗序》:"《采菽》,刺幽王也,侮慢诸侯,数征会之而无信义。"笺云:"幽王征会诸侯,为合义兵,征讨有罪,既往而无之。"见幽王之常申约束,以备不虞,与太室之盟,其意一也。《史记》采杂说谓:"褒姒不好笑,幽王为数举烽火,其后不信,诸侯益不至。"此乃大远于人情,未可信也。《诗序》:"《苕之华》,闵幽王之时,西戎、东夷交侵中国,师旅并起。""《何草不黄》,下国刺幽王也,四夷交侵,中国背叛,用兵不息。"亦足见幽王之勤于武事。"《渐渐之石》,下国刺幽王也,戎狄叛之,荆舒不至,乃命将率东征。"见于时内叛外侵,师旅不息,东征荆舒,致力为尤勤也。《小雅》之诗曰:"鼓钟将将,淮水汤汤。"毛传:"幽王用乐,不与德比,会诸侯于淮上。"是幽王犹袭宣之前獃,汲汲于经营东土。《十月之交》诗曰:"皇甫孔圣,作都于向。"皇甫濯为征徐国之帅臣,则向当于东方求之。《春秋》有四向,襄十四年"会吴于向",于今为凤阳府怀远县东北四十五里,盖此即皇父作向处也。皇父作向,仲山甫城齐,其事一同,非作私邑。朱右曾以为"周幽为太室之盟,戎狄叛之,颍水出于太室而入于淮,意太室会后,遂浮颍入淮",因有作向之举也。《诗》曰:"皇父孔圣,作都于向,择三有事,亶侯多藏。"笺云:"作都,立三卿,皆聚敛之臣。礼,畿内诸侯二卿。"则三卿固非畿内采邑之制。《诗》曰:"不慭遗一老,俾守我王。择有车马,以车徂向。"笺云:"尽将旧在位之人,与之皆去,无留卫王。又择民之富有车马者,以往居于向。"正义曰:"王官列职,皇父欲矜形势,尽将往向。"则又尽移王官于向也。下篇《雨无正》之诗曰:"谓尔迁于王都,曰予未有室家。"又曰:"正大夫离居,莫知我勚。三事大夫,莫肯夙夜。"谅皆都向之事。王官三公,至是胥东徂也。是皇父作向,周公营洛,其事同也。《诗》曰:"胡为我作,不即我谋。彻我墙屋,田卒污莱。"笺云:"女何为役作我,不先就与我谋,使我得迁徙,乃反彻毁我墙屋,令我不得趋农田,此皇父所筑,邑人之怨辞。"则当时作役之浩大可知。《毛序》:"《大东》,刺乱也,东国困于役而伤于财。"《诗》曰:"小东大东,杼柚其空。纠纠葛屦,可以履霜。"又曰:"东人之子,职劳不来。西人之子,粲粲衣服。舟人之子,熊罴是求。私人之子,百僚是试。"岂以作都立三卿皆聚敛之臣,遂致东土之困耗若斯,而反以奉西人之奢逸耶?《常武》之诗曰:"不留不处,三事就绪。"至皇父则"作都于向,择三有事"。宣王未竟之志,幽卒成之,周人固大致力于东也。南土遂全付之申伯,自申伯以鄫人西戎灭宗周而向亦废,周衰而申亦不能自保。《扬之水》序以为"刺平王远屯戍于母家"。笺云:"平王母家申国,在陈郑之南,迫近强楚,王室微弱,数见侵伐,王是以戍之。"申固周之南藩,周以申之叛而衰,申亦以周之弱而病于楚。自是上无天子,下无方伯,夷狄披猖,而中国遂不可振也。自西周以来,周公兼戎狄于前,穆王肆其心于后,及宣王修政,法文武成康之遗风,周之能统一此三百年者,则三君之力,亦犹殷之有武丁中兴也。然周公、穆王先西攘而后东征则兴,宣王、殷纣皆先东征而后西攘则败,盖东夷弱而西戎强,先克强者而弱者自易制,先致力于弱者,已损其精锐,而后攻其强,则势成弩末,其败必也。武丁先伐鬼方,而后东剪彭韦,故兴。桀为仍之会而起九夷之师,则东征之成功可知,至其伐崏山,迫逐公刘,是又西侵也。然公刘徙邠,从者十有八国,则西方固未大挫。而庆节佐汤,终屋夏社,亦先东后西而致败者也。东夷,泰族之支也,其民引弓决矢,焦侥、僰人,炎族之支也,西戎倘亦与黄族同一血统欤! 其民尚武,被甲荷戈,不同于獯粥、猃狁之为犬种而得侪于人,故孟子以文王为西夷之人也。黄族崛起而羲炎遂弱,与戎人东侵及于周京者之多,正可互证其同为强武悍鸷之民也。

《左氏》昭二十六年正义引《汲冢书纪年》又云:"平王奔西申,而立伯盘以为太子,与幽王俱死于戏。先是,申侯、鲁侯及许文公立平王于申,以本太子,故称天王。幽王既死,而虢公翰又立王子余臣于携,二王并立。二十一年,携王为晋文侯所杀,以本非嫡,故称携王。"《吕氏春秋》以"幽王染于虢公鼓、祭公敦"(原作蔡公敦,此从《史记》校改)。见虢公等内诸侯之党于王,而外诸侯若申若鲁党于太子,及晋文侯杀携王,而外诸侯之势强也。《左氏》昭二十六年传:"王子朝曰:'幽王愆厥位,携王奸命,诸侯替之,而建王嗣,用迁郏鄏。'"自外诸侯替携王而王人弱也。《吕氏春秋》《墨子》并说"厉王染于虢公长父、荣夷终",此虢之党于厉王。王子朝曰:"厉王戾虐,流王于彘,诸侯释位,以间王政。"是于时诸侯盖有释位以间王政者。《纪年》:"厉王十三年,王在彘,共伯和摄行天子事。"《鲁连子》曰:"卫州共城县,本周共伯之国也。共伯名和,好行仁义,诸侯贤之,周厉王无道,国人作难,王奔于彘,诸侯奉和以行天子事,号曰共和元年。十四年,厉王死于彘,共伯使诸侯奉王子靖为宣王,而共伯复归国于卫也。"《吕氏春秋》:"共伯和修其行,好仁贤,周厉之难,天子旷绝,而天下皆来谓也。"司马彪曰:"厉王之难,诸侯知共伯贤,请立为天子,共伯不听,弗获免,遂即王位。"则奉共伯和者,外诸侯也。《史记》:"召公、周公二相行政,号曰共和。"韦昭云:"彘之乱,公卿相与和而修政事,号曰共和。"此王人之自奉天子以行政也。其事盖亦犹平王、携王之并立,共伯贤而能让,立宣王而复归国于卫,宣王遂中兴周室也。《郊特牲》曰:"觐礼,天子不下堂而见诸侯,下堂而见诸侯,天子之失礼也,自夷王以下。"郑玄注曰:"夷王时微弱,不敢自尊于诸侯。"穆王之后,共王灭密,懿王烹齐,王室威灵,尚足以鬻诸侯。自觐礼之废,见周之弱而夷王之卑退也。《楚世家》曰:"夷王时,王室微,诸侯或不朝相伐,熊渠甚得江汉间民和,乃举兵伐庸、杨粤,至于鄂,立其三子为王,皆在江上楚蛮之地。及周厉王之时暴虐,熊渠畏其伐楚,亦去其王。"见厉王之欲强王室、削诸侯也。《周语》曰:"诸侯不享,王流于彘。"则厉王奔彘,正以诸侯叛之,势之必然者也。而遂奉共伯和立为天子,《鲁连子》以共伯复归国于卫,则共之为卫,亦犹唐之为晋为翼耶!(《卫世家》:"釐侯四十二年卒,太子共伯余立为君,共伯弟和赂士以袭攻共伯于墓上,而立和为卫侯,是为武公。"《史记正义》云:"按此文,共伯不得立而弟和为武公,武公之立在共伯卒后,年岁又不相当。"盖张氏之意既疑两共伯相涉,而又疑其年岁不相当,然共伯和之是否即卫武公,尚须考证,而《毛诗序》云:"《抑》,卫武公刺厉王,亦以自儆也。"则卫武公固上及厉王时也。)

诸侯不享而厉王流于彘,诸侯则立共伯和为天子,而

十一 周之兴替

周召二公奉宣王行政以与之对峙,此王人之抗诸侯也,而虢公长父即王人而党于厉王者也。诸侯不至而幽王死于戏,申许则立平王,而虢公翰则立携王以与之对峙,此亦王人之抗诸侯也,而虢公石甫亦王人而党于幽王者也。宣王兴而共伯退,平王定而携王诛,则王人与诸侯强弱之判在是也,此周之所以废耶!晋文侯、郑武公、许文侯、卫武公,夹辅平王,徙居王城,二十一年,晋文侯杀王子余臣于携,是平王之定,外诸侯之力也。隐六年《左传》:"周桓公曰:'我周之东迁,晋郑焉依。'"宣十二年传:"随季曰:昔平王命我先君文侯曰:'与郑夹辅周室,毋废王命。'"《晋语》曰:"叔詹曰:'吾先君武公,与晋文侯戮力一心,股肱周室,夹辅平王。'"皆见东迁之初,王室之恃于晋郑也。《左氏》隐三年传:"郑武公、庄公为平王卿士,王贰于虢,郑伯怨王,王曰无之。故周郑交质。"王崩,周人将畀虢公政,周郑交恶。及王夺郑伯政,代郑,祝聃射王中肩,则周于是乎失郑也。隐五年传:"曲沃庄伯伐翼,王使尹氏、武氏助之。曲沃叛王,王命虢公伐曲沃。"是后王使虢伐曲沃者再三,而曲沃卒并晋,则周又失晋也。周之东迁,依于晋虢,及畀虢公政以恢王人之权而失晋郑,则周之自败其力也。贾逵曰:"虢仲封东虢,制是也。虢叔封西虢,虢公是也。"周人畀政于虢,东虢据虎牢之险,西虢守崤渑之塞,为洛邑之门户,而郑灭一虢,晋灭一虢,而王室之屏蔽撤也。《秦本纪》称:"县杜郑,灭小虢。"三虢灭而王室自卑,与诸侯无异,《诗》不能复雅,谓之王国之变风,礼乐征伐自诸侯出,政由方伯,而变为春秋之局也。《帝王世纪》言:"虢有三焉。"其曰北虢,盖即此小虢,三虢亡而周亦废也。

十二　三代文化

《汉·地理志》言："颍川、南阳本夏禹之国。"战国所谓争夏道者即是地也。颍川之崇高、阳城，固即鲧禹之都。禹有天下号曰夏，则以一国之号为一代之号。曰夷狄，曰诸夏，则又以一代之号为一族之号。故《说文》说："夏，中国之人也。"三代以还，遂皆以中国为夏。《荀卿子》曰："居楚而楚，居越而越，居夏而夏。"又曰："越人安越，楚人安楚，君子安雅。"夏后以后，历三代称中国人为夏，犹炎汉以后别中国人于异族称汉，唐以后别中国于异族称唐也。汉唐为中国文化变迁之两大限界，文治武事，均有特殊之成绩，谅夏亦羲炎以来文化变迁之一限界，则区别文化为夏前时期、夏后时期、汉后时期、唐后时期可也。自禹平水土，制定九州，作《禹贡》，殷周沿之，大略不甚相远。禹抑下鸿而传《洪范》，彝伦攸叙，历商及周，箕子又以是传之武王。《夏小正》《周月解》，则亦先后相因，斯亦三才之道，皆禹之化，而衣被三代。亦犹汉之化衣被六代,唐之化被于宋明也。

夏曰《连山》,殷曰《归藏》,周曰《周易》,此之三《易》,即伏羲、神农、黄帝之《易》,是三代虽自为一期,而于远古文化,又各有崇尚,故前文以夏尚忠、殷尚敬、周尚文三统循环之义,亦即羲、农、黄帝三族文化之殊。殷人好鬼而尚刑,即确宗苗黎之化,而文化之新故代谢,固又不必与国祚之终始同时。盖文化每先动摇而政治紊乱,国势遂亦由衰而即于亡。殷人好鬼,而好鬼之风开于夏之晚季,《夏本纪》言:"帝孔甲好方鬼神,事淫乱,夏后氏德衰,诸侯畔之。"则孔甲之世,即夏道衰而殷道之始。《殷本纪》言:"帝武乙无道,为偶人谓之天神,与之博,令人为行,天神不胜,乃僇辱之,为革囊盛血,仰而射之,命曰射天。"此实殷人尚鬼之教已动摇也。史迁亦言:"纣慢于鬼神。"《牧誓》谓其"昏弃厥肆,祀弗答"。《墨子》引《泰誓》曰:"纣夷居不肯事上帝鬼神,祸厥先神祇不祀,乃曰吾有民有命。"又曰:"在彼殷王,谓人有命,谓敬不可行,谓祭无益,谓暴无伤。"此皆见殷末鬼教之不行。《微子篇》称:"今殷民乃攘窃神祇之牺牷牲,用以容,将食无灾。"则其风已及于民庶。《周语》谓:"孔甲乱夏,四世而殒。帝甲乱商,七世而殒。"则夏道之变,始于孔甲,殷道之变,始于帝甲。羲和生十日,生子以日名,固苗黎之旧俗为然,而商代帝王皆以日名,盖亦袭于苗黎者。然夏自孔甲已以日名,后又有履癸,《史记》言:"自孔甲以来,诸侯多畔,夏桀不务德,武伤百姓。"是尚刑好神之化,夏季已然。冯景《解春集》亦证孔甲为好武之君,殷之先公以日为名,亦始于上甲微,而微又灭有易,灭皮氏,《帝王世纪》又言:"微字上甲,其母以甲日生故也。商家生子以日为名,盖自微始。"亦正夏之末世也。

《帝王世纪》谓:"孔甲以后,诸侯相兼。"则固夏末一战国也。帝甲以后,谅亦殷末一战国,非独周末为然。《孟子》称:"世衰道微,邪说暴行有作,孔子惧,作《春秋》。"处士横议,所谓邪说,诸侯放恣,所谓暴行,此谓周末之事也。《孟子》又称:"尧舜既没,圣人之道衰,邪说暴行又作,纣之身,天下大乱。"此谓夏殷之末,亦有处士横议、诸侯放恣事也。《汉书·艺文志》杂家有《孔甲盘盂》,小说家、道家有《伊尹》,此夏末之邪说横议也。墨家有《尹佚》,道家有《辛甲》,有《太公》,而小说家、道家皆有《鬻子》,此殷末之邪说横议也。禹会诸侯于涂山,执玉帛者万国,殷汤受命,存者三千,则以孔甲以来,诸侯相兼,盖夏末之暴行放恣可见也。殷时诸侯三千,及周初唯有千八百国,则以帝甲以来,诸侯相兼,而殷末之暴行放恣又可见也。及于衰周,事更显白。旧文化之崩溃,新文化之酝酿,殆皆于此三代之战国时期相代谢。汉之文化亦始于秦,而成熟于中叶,唐之文化亦始于隋,殷周之化,诚亦自夏商之末而始也。再推论之,则三代文化虽成于夏,而盖始于颛顼。服虔说:"少昊之前,天子之号象其德,百官之号象其征；颛顼之后，天子之号因其地，百官之号因其事。"此正郯子所谓："颛顼以来不能纪远，乃纪于近，为民师而命以民事。"《吕刑》所谓："绝地天通，罔有降格。"见上世之囿于神道，至颛顼而绌之，六府之制，尤始于颛顼而被于三代者，则颛顼、虞、夏之交，又中世文化与三代文化之代谢期也。

唐虞以上，三族文化各不同，纪于远而听于神或略同，此亦初期文化之必然者也。唐虞以下，三代文化各不同，纪于近而命以民事则大体不异，则智识已进于实际之效也。《庄子》称："禹亲自操橐耜而九杂天下之川，腓无胈，胫无毛，沐甚雨，栉疾风。"《尸子》又称："禹之丧法，死于陵者葬于陵，死于泽者葬于泽，桐棺三寸，制丧三月。"孔子称："禹菲饮食而致孝乎鬼神，卑宫室而尽力乎沟洫。"则禹之道可见也。《淮南子》称："墨子背周道而用夏政。"《墨子》书亦著墨子谓公孟子曰："子法周而未法夏。"墨之道即不必出于夏，而夏之道固大同于墨道也。殷之道好鬼而任刑，因乎苗黎之教，近于道家之旨，故伊尹之书在道家，《别录》在兵权谋，以伊尹之道观殷之道，亦不中不远。太公之书亦《志》在道家而《别录》在兵权谋，马迁亦说："周之阴权皆宗太公为本谋。"则太公之法于伊尹，在周初为旧派，宗道德，擅权谋；而周公宗仁义，秉礼乐。一守商之陈规，一开周之新局。三统之实，于是得略窥之伊尹、太公。古之道家，以内圣而兼外王，及周末老庄之为道家，有内圣而无外王，则后之道家，非古道家之全。而墨子之于禹，孔子之于周公，殆皆言体则益精，言用则或疏也。孔子之志，其为东周乎？故曰："吾观周道，舍鲁何适！"韩宣子亦谓"周礼尽在鲁矣"。此孔子之从周也。子思言："仲尼祖述尧舜，宪章文武。"是孔子近从周而远法唐虞。庄子言："有虞氏招仁义以挠天下，天下莫不奔命于仁义。"又言："有虞氏其犹藏仁以要人。"则庄子固以仁义之说为自有虞，此仲尼之所以祖述尧舜者乎？荀子言："文武之道同伏戏。"庄子言："有虞氏不及泰氏。"则远而伏戏，而有虞，而周公，一系相承，此固孔子之所宗也。伏戏，东方之族也，舜，东夷之人也，而鲁，礼文备物之国也。孔子删《书》始于虞夏，为其为仁义之本，删《诗》本文武，赞《易》本伏戏，作《春秋》本鲁史，文、武、伏戏、有虞、周公之道同也。是孔氏所祖述者，以仁义为本之东方文化也，此孔子所以鲜称炎、黄、夏、商，而特表伏羲、尧、舜、文、武、周公者乎！

  此篇略言三代文化之异同与统绪，至典章制度相沿相革之详，别为《古礼甄微》论之。笔者附识。

附录

漫话古史

人类的历史,首先是祖先传说的历史。祖先的重大活动经过,是记忆在人们的脑子里,通过对子孙的口耳授受而传到后世的。到了有文字记载,人们就不专凭记忆了,也就常常不肯再去记忆了。但一个社会学的专家,他却是非常重视传说价值的。如像大凉山的倮彝,每家人都能背诵他家几十代祖宗的名字,也能告诉哪些人做过些甚么大事,哪一代从某一地迁徙到某地,谁曾打过些胜仗,谁又打了败仗,等等。全部倮人,告诉一个社会考查工作者,基本上家家是一样。只偶尔有一支少数人家,他们会少说了其中的一段往事。这种历史传说的可靠性是无法否定的。倮彝是有文字的,但除少数"比目"(祭司)能认识外,多数人是不识文字而专凭记忆的。《越绝书》里有一段风胡子的话,他说:"神农、赫胥之时以石为兵,黄帝之时以玉为兵,禹、益之时以铜为兵,当此之时作铁兵。"这话可以这样理解:神农、赫胥是旧石器时期;黄帝以玉为兵,可说是新石器,玉就是做得更精致的石器;禹、益是铜器时代;当今是春秋末期,是铁器时代。这个传说决不是偶然的,是合符科学的。西洋人发现这一知识是近代的事,中国这一记载是二千几百年以前的事。对于这一传说的真实性,我们没有理由否认它。非是子子孙孙亲口相传,就不可能有这样的讲话。旧石器、新石器、铜器、铁器的演进没有说错,神农、黄帝、禹、益这些人也就不会说错。碰上生产工具的改革时期,他们也就成为历史上的伟大人物。神农、黄帝、禹、益他们的成功,就在于他们能把握新生产工具的新力量。

黄帝是位伟大人物,关于他的传说较多。从黄帝起到后来大概有多少年,也有些不同的说法。我认为,西汉张寿王的说法或许是可信的。他说:"黄帝至元凤三年(公元前七十八年)六千余岁。"又说:"柏翳(伯益)代禹为天子。"伯益作天子的事,只是《韩非子》和魏冢中的《竹书纪年》记载说过,可知张寿王的说法可能是根据三晋一派的材料。韩非他说:"乃欲审尧舜之道于三千岁之前,意者其不可必。"《命历序》说:"黄帝传十八世一千五百二十岁。少昊传八世五百岁。颛顼传九世三百五十岁。帝喾传十世四百岁。"合计二千七百七十年才到尧舜,尧舜到战国末年是三千余年,黄帝到元凤六千余年,是大致可考的。我过去写《古史甄微》以后,就觉得三晋的历史材料比齐鲁的材料较为可靠、较为详细。孔子说杞宋不足征,孟子也说"诸侯皆去其籍"，荀卿却说"三代治法犹存"。《春秋》二百四十二年，所记亡国只五十二个，但据荀卿的说法，只齐桓公、晋献公、秦穆公、楚庄王四人就灭了一百多国。那这四国长时期所灭的诸侯国就可想而知。其他二三等的郑、宋、鲁、卫等也都在兼并灭国，其数更可想而知。不然，周初那么多的诸侯（据说有千八百国），到哪里去了！这可看出齐鲁孔孟传下的材料太简单了。晋国是个收集文献比较丰富的国家，从春秋战国的典籍里就可找到很多证据。如像孟子和他弟子辩论，弟子所举出的材料多和韩非所说的相合，像真历史。孟子所说则只是一套哲学空理，不像历史。所以我对张寿王的话认为是三晋材料，是较为可信的。那么，从黄帝到尧舜大概是二千七百多年，在这一段时期，大致就渐进入奴隶社会。

中国上古史的传说中，《易·系辞》和《左传》都说了伏羲、神农、黄帝，韩非他们也说有巢、燧人，这些名字在春秋战国时见得很熟。有巢、燧人、伏羲、神农一系列的传说，很自然的和社会发展的开始阶段全然符合，有巢氏是人类的祖先，还住在树上，燧人开始用火，这是人类文化的第一步，伏羲作网罟以畋以渔，这是由低等猎者转到高等猎者，一直就接到神农作耒耜的稼穑。这个传说系统自然是有科学意义的，恐怕不是偶合。至少，把这些传说人物组织成个系统，就有科学意味。这许多名字本身或许就是象征着某一社会（或时代、氏族），在周秦时期可能都还存在。这一系列名字,从伏胜《尚书大传》西汉初年起就是如此说,直到汉末的郑玄、应劭、谯周都没变,他们认为遂人是百王之首,却不甚重视有巢氏,很少提到他,这也很有趣的,或者是认他劳动创造的贡献还不够大。

中国上古史上,本来有些问题是需要寻根究底地加以清理的,不是一疑可以了事的。有巢、遂人、伏羲、神农可以说是传说,在周秦的书籍中可以找得出,也是合乎理性的。而天皇、地皇、人皇和盘古,那就不是周秦的书籍里找得到的,不能认为他们是自古的传说,这些说法全不合理。伏胜《尚书大传》只是说:"遂人为遂皇,伏羲为戏皇,神农为农皇。……托遂皇于天……托戏皇于人……托农皇于地……""非别有天、地、人三皇。"(用皮锡瑞说。)亦与前此"三皇"之说不同。原三皇之说起于战国末期祭祀中的天神,本来叫"三一",当中是"太一",左右是"天一""地一",三一就是三皇。秦始皇时只是说"天皇""地皇""泰皇","泰皇最贵"。因为泰皇就是太乙神,原来只有一个。祭神时候,要拿古代的王者去配享,遂人、伏羲、神农就是受配享的。所以他们被托称为天、地、人的三皇。这就是用"周公郊祀后稷以配天,宗祀文王于明堂以配上帝"的办法。在人们称说三皇前一段时期,祭祀的是五方的天神,天神又称天帝,又另找了五个古代天子去配享,于是这五个古天子就为五帝。后来又才发现了比五天帝更尊贵的天神——三皇,才产生了三皇的祭祀和配享。三皇人物本在五帝之前,但"三皇"这名称却出现在"五帝"之后,其原因就在这里。到了东汉,纬书里才在遂人等之外又出了个古之王者的天皇、地皇、人皇的三皇,这都是秦汉以来方士们玩的把戏。到晋皇甫谧作《帝王世纪》,公然把天地人三皇混进历史里面,这完全是胡编乱造的事,但却对后世产生了不小的影响。我认为天地人三皇完全可以连根拔了丢出历史之外,遂人、伏羲、神农是传说遗留下来的,那就不能随便抹杀。

盘古是个晚起的说法,不仅周秦人不知道有盘古,连两汉人也不知有盘古。开始说盘古是三国时徐整的《三五历记》这部书。它说秦汉间民间有盘古的说法,盘古是个开天辟地的神话人物。他说的"秦汉间"和"吴越间"一样,是说关中和汉中一带地方。为甚么三国这个时候,关中和汉中这块地方民间会有这样的说法发生?这在历史上很明白,汉末和六朝,南方民族曾经不断北迁,三国时有氐人、賨人和盘瓠民族,他们正向北迁到了关中的边和汉中的大部,这些人中传说他们的开天辟地的祖先是盘瓠,这种话散在民间,徐整把它记述下来。后来修类书的人把徐整的书收入,把盘古摆在历史的前面。宋朝人把类书中的盘古、天地人三皇取来放在历史首页伏羲下面的附注中,这还不算正式进入历史。到了明代,一些人把注文抽出来放在历史的开始,所谓凤洲、了凡这些《纲鉴》就是这样,这下就在民间大为流行,于是盘古、天地人三皇从明以后成了妇孺皆知的古史传说。弄清楚了来源,我们就可不必用怀疑的态度来进行讲述,只需认它是南方民族中的传说就是了。

近来编历史教材的,有人在伏羲后写上女娲,可说是重视女娲的传说。女娲在汉代人民脑筋中是位和盘古一样的开天辟地的神话人物,如说那时的天是破的,他炼五色石来补天;地是坏的,他把鳌足来把地垫平。他救了火灾,又救了水灾,又救了凶鸟猛兽的灾害,于是人民才得安定生活下去。又如说"女娲化万物者也",那么万物都是他造的。又说他"凡一日七十化",那么,只需几个月工夫,万物已经由他造齐了。在造人这一点上,他太不公道,富贵贤智者是他"抟黄土"造的,贫贱凡庸者是他"引绳泥中"造的。据说是因事多来不及,就马虎一点。但是他的本领那么大,"天不足西北,日月星辰移焉。地不足东南,百川注焉",为甚么造人的本领就小了呢?其实,这是一种为剥削统治阶级说教的讲话,是一种愚民策略的神话。这是盘古传说以前和盘古一例的神话。在汉代流行的是女娲,后来盘古之说才起而代之,此后人们就不大谈女娲了。据说他是人首蛇身,这和闽蛮虫种可能有关联。他在中国书上最早是从《楚辞·天问》里见到,《天问》是屈原看见楚国宗庙的壁画写作的,《天问》中说:"女娲有体,孰制匠之?"这显然是先有了女娲造天地万物和人的传说,屈原才发问:"甚么都是女娲造的,那么女娲又是哪位匠人造的呢?"这一问具有哲学家对宗教反驳的意味,如果你说女娲不必要别人来造,我也就可说万物并不须女娲造。从女娲和虫种民族以及与楚国壁画的关系,就可知他是前期南方民族带入楚都的神话,盘古是后期南方民族带入"秦汉"地区的神话,都应当正本清源连根子从古史中拔出,不要让他和汉族的传说相混。

历史上蒙蔽着的灰尘、羼杂进去的渣滓,实在太多了,从前的人不考虑这些材料的来源和真伪,一概相信,这是愚昧,这是传统派的盲目信古。近些年来,疑古辨伪盛极一时,自有他的成功,也有他的失误。在一些人看来,没有几句新鲜的疑古语言,好像就是落后于时代,而对于提出的理由和证据常不免缺乏充分的考虑。结果是自己认为的伪书,自己还是要引用;把自己认为乌有的人,自己也还是要讲。盘古、三皇同样地提出来,而提出来后又无理由地说是靠不住的。这都不是严肃的态度、不合科学的精神,实际就是自己的话自己也信不过。今天,地下出土的材料愈来愈多,社会发展的理论越讲越清楚,再也不能盲目地随便信古,也不能无端地疑古,须要经过细密的讨论,无理由的任意把历史缩短是不容许的。这些影响直到现在依然存在,应当清除。一偏的信古或疑古都应当成为过去,对以往全部历史都应当认真地作一番新的研究。

奴隶社会,我看或许在唐虞以前已开始。《皋陶谟》

说:"咸建五长,各迪有功,苗顽弗即工。"这是说苗民不肯作工,也就是罢工。古书记载,尧曾经讨伐过三苗,舜和禹也都讨伐过三苗。早期的奴隶多是被战败的异族,苗顽显然就是这样身份的人。对战败归顺的异族上层要另行安置,也就是"分北三苗",后来他们和华夏族和平相处了,即所谓"三苗丕叙"。他们中有的还参加了中央管理机构,四岳中就不时有姜姓人物。对顽抗的民族上层则放逐远方,"窜三苗于三危",三危是西裔戎人居住的地方,后来他们也渐渐和西戎融合,于是后世戎人中也就有了姜氏之戎。《西羌传》甚至说:羌人是"出自三苗,姜姓之别也"。三苗是姜姓民族,九黎、共工也都是姜姓民族,可说是个姜姓民族集团。黄帝以下都是姬姓,有多个姬姓部族国家,也可说是个姬姓民族集团。从黄帝战胜九黎的君长蚩尤以后,到少昊氏衰,九黎乱德,接着颛顼诛九黎。到颛顼氏衰,共工侵陵诸侯,帝喾讨伐共工。帝喾之衰,三苗为乱,尧、舜、禹又都讨伐三苗。这一长期的战争,这一边都是姜姓,那一边都是姬姓,姬姓是对姜姓的战胜者,接着起来作天子。但《国语·周语》中有一句话说:"王无亦鉴于苗黎之王。"这是说三苗、九黎也都曾自称过王,古书里也说过共工是古天子。这种情形表明,在当时姜姓显然是很不弱的,姬姜两姓的斗争应该是相当剧烈的。姜姓自神农时起已经进入到耒耜耕稼,但黄帝的"未常宁居,迁徙往来无常处,以师兵为卫",当然还处在游牧阶段。姬姓战胜了,把战败的姜姓族人抓来种田当奴隶,姬姜的矛盾虽依然存在,但是,情况也由此而渐渐发生变化。我们且看《世本·作篇》,它既说神农作耒耜,又说皋陶作耒耜;既说神农教民稼穑,又说后稷教民稼穑;岂不是矛盾的说法?应当是黎苗民族早已作耒耜教稼穑了,但耕稼民族的武力自来是敌不过游牧民族的,就只好经常吃败仗了。在这种长期斗争中,游牧的姬姓民族也渐渐接触到姜姓耕稼民族农耕技术的优越性,从而产生学习的愿望,于是对它的族人也教以稼穑和作耒耜了。这样看来,也就并不矛盾,且反而更有意义了。作为农耕之神的社神和稷神,前一时期都是姓姜,后来却变成姓姬了。姬姜两姓在生产、生活和文化上的逐渐接近,他们之间的矛盾也由此渐渐缓和,并进而辑睦相处,从而民族差异也渐消失。大致在虞夏之间,一个融合姬姜风姓三大民族的华夏民族也就日益形成。《尚书·吕刑》记述这长段历史,它称的"皇帝",汉儒说是指的颛顼,《吕刑》这篇书把"百姓"和"苗民"分说,百姓和民是两个阶层,清末学者大致也都承认。《尧典》里说:"以亲九族,平章百姓,协和万国,黎民于变时雍。""九族""百姓""黎民"也是分别讲。典乐教胄子,司徒教百姓,后稷教黎民,这和西周初年的阶级制度很相似。《尧典》的话有多大可靠程度,自然尚须另作讨论,《吕刑》是无甚问题的。百姓和民的分别,这是唐虞和唐虞以前社会的阶级,到周代以后这两个名词倒不大分别了。这和"天子"和"王"两个名词一样,在古代有差别,到周代就没多大差别了。据我考虑,"黎民"或"苗民"这就是种族奴隶,唐虞以来的百姓,应当就是后来农奴的开始,和周代六乡的人身份差不多。范文澜先生认为《尚书·汤誓》说:"有众率怠弗协曰:时日曷丧。""怠"就是奴隶的怠工,我同意这个看法。在夏代可能仍保有奴隶,犹如唐虞时代已有农奴一样,并不矛盾。如果唐虞时代姬姓已从游牧转向从事耕稼的推断不错,那么,这时的农业生产也就会有突出的发展,文化水平应当提高得很多,这就是中国历史盛赞唐虞的基本原因,显然可说是划时代的进步了。

夏殷时代太远了,材料太少,是很可怀疑的,但又决不能说一切材料都不足信。《史记》的夏殷周本纪都是根据《世本》这部书写作的。《殷本纪》的先王公已经由殷墟甲骨文证明了,甚至连《尚书·无逸》篇中所说殷中宗、高宗、祖甲享国的年数都一一证明了,就是所谓"自时厥后,亦罔或克寿,或十年、或七八年、或五六年、或四三年",都从甲骨文字得到证明。只《殷本纪》的世系偶有错简。甲骨文看出的殷先王,证明了《世本》的殷先王没有错,甲骨文所看出成汤以前的先公,证明《世本》记载殷的先公也没有错。殷先公的时代,就是夏先王的时代,《世本》记载殷先公没有错,那么它记载和殷先公同时的夏先王也应该不会错。这就说明了《世本》关于夏商周的材料是可信的。《尚书·多士》曾说："惟尔知惟殷先人有册有典，殷革夏命。"这是说殷人本就有夏朝的历史典册。《左传》《国语》都说随会"讲聚三代之典礼"。这说明夏商的典礼，在周代乃至春秋时期都还保存着。荀卿说："谨法则度量刑辟图籍，慎不敢损益也。父子相传，以持王公，是故三代虽亡，治法犹存，此官人百吏之所以取禄秩也。"那就是说三代的典章制度，荀卿是看见的，这也就是《庄子》所说"旧法世传之史，世多有之"。说明《世本》这部书的材料来源正确，是很可相信的。因为典章制度还有存在，所以龙子才能那样批评夏代的贡法，穆王才能说出一些夏刑，孔子才能"之杞而得夏时"。若是甲骨文的材料否认不了，《夏小正》一类典籍的天象记载否定不了，那我们对夏代只有认为贡法是当时剥削农奴的一种方法。周人在公刘时期即是夏的时期，他就已有用来剥削农奴的彻法，夏代有他自己的田法，也就不足怀疑了。

龙子说："治地莫善于助，莫不善于贡。贡者校数岁之中以为常，乐岁粒米狼戾，多取之而不为虐，则寡取之，凶年粪田而不足，则必取盈焉。"这应当是夏代剥削农奴的一种方法。《孟子》说："春省耕而补不足，秋省敛而助不给。夏谚曰：'吾王不游，吾何以休。吾王不豫，吾何以助。'"何以休、何以助，都要看王的一游一豫，这就不像农奴而像奴隶了。《汤诰》说："有众率怠弗协，曰：'时日曷丧，予及汝偕亡。'"怠工应当是奴隶的行动，和夏谚合起来看,夏代是既有农奴又有奴隶的。《夏小正》这部书全是为指导农业生产作的。那里有"初服事于公田",又有"农率均田",这也证明有农奴制的存在。这部书应当是夏代的材料,是可以由科学证明的。古今的天象不同,这是历法上早已共同认可的,秦朝的天象由《吕氏春秋》的月令看出来;汉以后各代不同的天象,由各代正史的《天文志》看出来;《诗经》和《左传》,把周代前前后后许多天象,也记得很清楚;武王克殷时候的天象,由《国语》看出来;夏的天象是《夏小正》;唐虞的天象是《尧典》所记的中星。这一系列天象的变动,是非常有秩序、合科学的。秦汉时代,中国历法知识,还没能懂得"岁差"这一问题,《吕氏春秋》不懂得这个道理,说:"黄帝初作刻漏,仲春之月日在奎。"这就是乱说。这是秦时的天象,他却认为黄帝时也是这样,这是作伪,是笑话了。东汉的刘洪,才感觉有这样的问题。到六朝宋时的何承天,这岁差问题才大体清楚了。文献所载虞夏商周的天象,是很合理的;就连春秋二百四十二年中的日食,其出现的日子也没有甚么错误,这是今天的科学证明了的。非古代面对事实,不能有这样的记载。假如说这些书是后人的伪作,那就非何承天以后的人不能有这样的本领,这又是我们所不敢随便怀疑的。《夏小正》所记的"昏旦见伏"无法否认,他所记的田制也就无法否认,五十而贡的说法也就不足为疑了。《尚书大传》讲州有二师说:"八家为邻,三邻为朋,三朋为里,五里为邑,十邑为都,十都为师,州十有二师焉。"《通典》认为这是夏代的制度。夏王朝既有他的贡法来剥削农奴,不妨就有这样的办法来组织农奴。伏生是秦博士,应当见到不少未焚之书,不好认为他的说法没有根据。只是夏代农奴和奴隶的比率是无法估计的。若是我们把《禹贡》的田和赋来作个推测,也可能隐约看出点影子。冀州田是第五等,赋是第一等,这是它人口最多。豫州田是第四位,赋是第二位,这是人口次多。禹都晋阳,又都阳翟,它是块南北狭长地带,是那时的王畿,那么冀豫可能是人口第一个集中区。荆州田是第八位,赋是第三位,可能是人口第二个集中区。青州田是第三位,赋是第四位,可能是第三个人口集中区。这三个地区在当时应该是很重要的。而且这三个地区都是赋的等位高而田的等位低,都可能是人多而田少,人多而田少就可能是奴隶比率高些。但夏代虽有奴隶,其数却不会太多。这里要指出,当时荆州有三苗,居住的地域较宽广,确是虞夏的一个敌国,但也可看出,它又远不能与虞夏相比,它曾多次被虞夏战败,可能作奴隶的比率要高些。

约作于1950年代初

中国开化始于东方考

近二百年,欧美学者为中国民族西来说、中国文化西元论,于是我国学者亦多穿凿史乘以附会之。自本师左庵及章枚叔、梁卓如、夏穗卿、蒋观云及于近年顾惕生、陈斠玄诸前后先生为文佐成之者凡十数人,一若西元之说已成定论,然文通窃有疑焉。前作《古史甄微》,于我国民族问题尝有所论列,而于文化所起虽略道之,而语焉不详。后绎寻旧籍,略有所得,遂续作此篇以补前稿之未备。凡旧已推论者,此不复陈,或提其纲维而已。吾友缪君赞虞作《中国民族西来辨》,以折西来之说。而文通为此篇以明中国文化为我东方所自创。一破一立,相待相济,非敢谓于此即欲求一定论,愿留意史乘者于此一事策群力实事求是而共究之,期于考得其真,则固草定此篇之幸也。

《尔雅·释地》言:"中有岱岳,与其五谷鱼盐生焉。"

以岱岳为中,而以医无闾为东,斥山为东北,霍山为西,华山为西南,梁山为南;则见上世华族聚居偏在东北,故泰山为中。东北及医无闾则土宇固辽,而西则仅及霍太山,南及梁山,犹未及于江汉,则疆理固蹙也。又谓东至于泰远,西至于邠国,南至于濮铅,北至于祝栗,谓之四极。注者谓濮为百濮,祝栗为涿鹿,亦东辽而西蹙之证。而《释山》言五岳则泰山为东岳,华山为西岳,霍山为南岳,恒山为北岳,嵩高为中岳。泰山不为中而嵩为中,南日辟而及江南之霍,东日蹙仅及岱耳。又言河南华河西岳,河东岱,河北恒,江南衡,此五山之方域,则嵩高不为中而华为中,西及岳山,而南又更进而及沅湘之衡。则中国之中心前后有三,以次自东北而西南,事显然也。《郊祀志》言:"昔三代之居皆在河洛之间,故嵩高为中岳,而四岳各如其方。"则嵩高为中岳者,都河洛之事;而华山为中岳者,宅酆鄗之事;泰山为中岳者,居鲁卫之事也。《帝王世纪》言:"神农都曲阜,黄帝自穷桑登帝位徙曲阜;少昊邑于穷桑以登帝位,都曲阜;颛顼始都穷桑,徙帝丘。"则上世帝王多作都于鲁。颛顼徙帝丘,葬濮阳;《水经注》:"帝喾都亳,殷在邺,葬濮阳,帝都至是乃自鲁而徙于卫。及尧居平阳,舜居蒲阪,禹都晋阳,帝都至是乃自卫而徙于晋。"《货殖列传》言:"唐人都河东,殷人都河内,周人都河南。"则至是而三河为王京。文武宅酆鄗而三辅又为王京,则上世都鲁卫而泰山为中,东土固辽;中世都三河,周世居三辅,嵩华为中,而西南辟地日广。是以五岳与王都言之,惟见我华族之自东而西,安见所谓自西而东者耶?唐虞之世十有二州,曰幽、曰并、曰营,此皆居于东北者也;而《禹贡》之九州无此三州,《禹贡》之九州尚偏于东北,下及《周官》之九州(详见《史学杂志》一卷四期第十三页),则兖南侵徐并侵青,徐南侵扬,豫南侵荆,雍南侵梁。《穀梁》桓五年传称:"郑,同姓之国也,在乎冀州。"则冀亦南侵豫州。则各州之渐侵而移于南也。青西侵豫,豫西南侵梁,扬西侵荆,荆亦西侵梁,此又各州之渐侵而移于西也。以十二州视九州,以《禹贡》视《周官》,则唐虞以上东北为辽,西南未远。三代以下则又东北日蹙而西南辟地日广,此九州之渐以西南移,事固明也。方帝京在鲁,则封颛顼于高阳,在开封;封帝喾于高辛,在归德,盖大国也。故后并为天子。唐虞之间,契弃皆为三公,自为大国。而舜又益其土地,则帝都在晋而大封契弃于商邰,并西处雍州后亦并为天子。是三古之日益日进,而皆建大国以先之,则华族之自东而繁荣移殖于西,事甚显明。非惟华族如是,夷狄亦然。《史记》言黄帝北逐荤粥合符釜山,见荤粥尚处于东北;《孟子》言太王居邠,狄人侵之,又曰太王事熏育,则熏育已渐徙而西。汉晋而下,其事复多,王静安《东胡考》盖详言之。若秦汉唐宋以来,中国政治区划前密于东北而疏于西南,入后而西南乃以渐而密,亦足见中国人口汉唐以来犹日移向西南。若更上推太古,则九皇之世,人皇出旸谷,分九河;人皇即遂人,故《尸子》曰"遂人之世,天下多水",正以旸谷、九河之东处海上故也。五龙之世,皇伯登出扶桑、日之阳,辰放氏出地勃,狃神氏出长淮,有巢氏治石楼山在琅玡,伏羲生于雷泽,则古世帝王又多出自远东。故《易》曰:"帝出乎震。"而我华族与其谓为西来,无宁谓为东来之为愈也。明九州五岳之日移于西,建王都、封大国亦日益西进,则知古者泰山居天下之中,为五岳之长,王者易姓受命、报功告成必于泰宗,非偶然也。

羲农以前,古之王者多出扶桑、旸谷、勃海、长淮,则我先民固起于东方,亦沿海岸线而繁殖者。郑玄注《尚书》"肇十有二州"云:"青州越海,分齐为营州;冀州南北太远,分卫为并州;燕以北为幽州。"既营州于古不属于燕而属于齐,则营青间之有海道交通亦可见。自《禹贡》以下及春秋,皆足证古固有海道交通之迹(详见《史学杂志》一卷四期第十二页)。伏羲、神农古皆都陈,盖我先民古固自乐浪沿勃海而南走江淮,盖又自营州越海入青徐而西走宛丘,则泰山正当两交通线之中,故泰山自昔为天下之中,而古之王者恒居鲁也。本师左庵言:"古代多居曲阜,故以齐州称中国;黄帝尧舜都冀州,故以冀州称中国。"亦言古之王者居鲁,而居鲁正以其处交通之中枢也。《沟洫志》王璜言:"往者天尝连雨,东北风,海水溢西南出浸数百里,九河之地为海所渐。"则渤海至汉而西南乃益阔。《水经注》张折言:"碣石在海中,盖沦于海水也。昔燕齐辽远,分置营州,今届海滨,海水北浸,城垂沦者半。"则渤海至六朝而东北益日阔也,则古代渤海之小可以想见。《山海经》有勃海、有幼海,郭注:"勃海,海岸曲崎头也。"此惟成山角、威海卫及旅顺西指,定以当之。《说文》:"勃,海地。一曰地之起者曰勃。"盖中国北方地面古者陆高而海小,今之庙群岛等,古皆隆起出海面成土股,此所谓地之起者曰勃者耶?则勃海为山东辽东两半岛间之海,而幼海为勃海口以内之海也。汉魏以后,盖中国地面北降而南升,而勃海乃益阔,则华族在上古时期往来海上,而一苇之航自属易事。营州越海之交通明,而鲁之为四走之午道亦足明也。由《禹贡》九州之贡道言之,古之交通悉恃水上(详见《史学杂志》一卷四期第十三页),而禹酾二渠播九河,以导黄河于北,又于荥阳下引河东南为鸿沟,以通郑、宋、陈、蔡、曹、卫,与济、汝、淮、泗会,以导黄河于南(详见《史学杂志》一卷四期第十二页),清儒每以鸿沟为战国以来始开之,然礼天子祭天地、诸侯祭其域内名山大川,春秋鲁之三望谓泰山、河、海也,使河水非与淮泗通渠,则河非鲁所祭也。管仲言鲁"使海于有弊",知鲁之连于海岱,亦连于河。则河之南北支流奚止十数派,而济分为四,又出其中。古之交通恃于水道,而水道之繁莫逾于黄河下游,皆夹泰山南北而东入于海。泰山之居,滨海环其东,河济萦其西,宜其为天下之中也。《尔雅》:

"齐,中也。"高邮王氏以脐居人中故从齐证之,则《释地》之"距齐州以南戴日为丹穴,北戴斗极为空桐,东至日所出为太平,西至日所入为太蒙"。盖齐州对四极言谓之中国,而营丘之封为齐亦谓为中国之意也。《释名》:"勃,齐之中也。"而勃又为齐之中。沇水入河复出于河,居鸿沟九河之间,经齐入海,其得济名,亦以中央之水之谓耶!《禹贡》于冀州曰岛夷皮服,见北土之寒;于扬州曰岛夷卉服,见南土之暑。而泰山之麓服丝枲、宜桑麻,是不徒居地理之中,而又得天时之和,中国文化之产生于是固其宜也。

齐鲁之地,外则溟勃环其东,内则黄河枝渎萦其西,固交通之中心。古代帝王作都于是,又进而为政治之中心。孟子以鸡鸣犬吠相闻而达乎四境为齐颂,孔子适卫则叹为庶矣哉!而吴起以荆所有余者地也,所不足者民也,商君亦谓秦民之不足以实其土,韩魏则土狭而民众,是知黄河下游为丁户最密之地。梁惠王以邻国之民不加少、寡人之民不加多为忧,知古者有待于民户之急。而黄河枝渎所注之地即肩摩毂击之邦,秦楚乃太半为旷土,则上古中原之所在、文化之所生可以知也。孔子删《诗》国风,惟黄河下游各国各有风,而他方惟大国而已。笔削《春秋》,惟黄河下游各国为详,而他方亦惟大国得记录而已。其周游所经,亦西不至秦,北不至晋,惟黄河下游诸国终身徘徊其间。孟子亦然。则下逮春秋战国,中国文化之所在者又可知也。黄帝去蚩尤之凶,迁其民善者于邹屠(鲁)之地,亦邹鲁于古为君子之国,故曰齐鲁之间于文学自古以来其天性也。《张仪传》言:"秦军塞午道,齐师渡清河";《苏秦传》言:"韩守成皋,魏塞午道";《楚世家》言:"夜加即墨,顾据午道。"说者云午道,在魏之东、齐之西。《索隐》云:"盖亦未详其处。"郑玄云:"一纵一横,谓午道也。"则魏东齐西至春秋战国犹以午道为必争之地,而在昔共工、女娲之战,蚩尤、神农、黄帝之战,舜与共工之战,大略皆在穷桑;下及汤桀之战亦然;武王伐奄三年讨其君;逮乎秦汉吴楚之争,莫不以黄河下流为要(别有详论),则穷桑、午道又自昔为喋血之场地。《货殖列传》言:"朱公以陶为天下之中,诸侯四通,货物所交易也。"服虔云:"陶,定陶。"是陶又天下之中而商贾之所走集也。鲁仲连言:"裂地而封,富比陶卫。"郑玄《诗谱》言:"曹末世富而无教。"是陶之自昔为商业中心而财富之所聚也。《汉书·地理志》言:"齐地负海舄卤,少五谷,太公乃通鱼盐之利,而人物辐凑;鲁地陿民众,俗俭啬爱财,趋商贾。"是齐鲁又上古商业之国也。海东学者以希腊文明之发生,以其国小多山,土地硗瘠,食物不丰,故多沿海行商于小亚细亚,欧式文明之源实肇于此。夫齐鲁固商贾之国,当海上交通之冲。迩者日人于旅顺发现贝冢,《说文》从贝之字悉具财货之意,是贝固古代之货币,旅顺为海上交通要道,而先民聚贝其间,则古固越海行商,犹之希腊,而中国文明之源又何莫非肇于此也。《尸子》曰:"遂人之世,天下多水,故教民以渔;伏羲之世,天下多兽,故教民以猎。"非时多水、时多兽也。盖遂人人皇处旸谷九河,栖迟海滨,故曰多水;伏羲都陈,则已驰逐于大陆,故曰多兽。自华族由海上而入大陆,而曲阜遂为交通、政治、军事、商业中心,而文化以起。华族之由海而陆,谅在伏羲之时,故中国言文教必自伏羲始也。则中国文化宜发源于伏羲之时,而曲阜一隅即为文化发源之地。世界各国文化大都发源于半岛与大河流域,而山东半岛之于中国亦何独不然!则邹鲁自昔即为文物之乡,非徒以孔孟之故,则其有造于中国固若是其伟也。

扶桑、旸谷、九河、勃海以及长淮既皆我先民地,而入后皆为东夷地则何耶?《五帝本纪》言:"舜耕历山,渔雷泽,陶河滨,作什器于寿丘,就时负夏。"此皆羲农以上我先民之走集地。而《韩非·难一》言:"东夷之陶者器苦窳,舜往陶焉;历山之农者侵畔,舜往耕焉。"则河济之间犹为东夷地,遑论其余?《孟子》曰:"舜生于诸冯,迁于负夏,卒于鸣条,东夷之人也。"舜且为东夷之人,遑论其余?《史记》:"吕尚,东海上人";《国策》言:"太公望,齐之逐夫,朝歌之废屠,子良之逐臣,棘津之售不庸";而《吕氏春秋》言:"太公望,东夷之士也。"则凡舜与太公所游处者,皆东夷之地,而舜与太公且皆为东夷之人,则上世华族与东夷之关系可知也。盖东夷、华族自昔同支,华族日进于文明,而东夷则仍保其椎朴耳。范蔚宗说夷有九种,曰畎夷、于夷、方夷、黄夷、白夷、赤夷、玄夷、风夷、阳夷。昔尧命羲仲宅嵎夷,曰旸谷,盖日之所出也。赞曰:"宅是嵎夷,曰乃旸谷,巢山潜海,厥区九族。"皇侃说九夷为玄菟、乐浪、高丽、满饰、凫臾、索家、东屠、倭人、天鄙。范说别其种,皇说别其地。皇亦据《后汉书》以海东为九夷。《前汉书·地理志》说:"孔子悼道不行,设浮于海,欲居九夷。"是亦以海东为九夷。皮鹿门以《尧典》之"宅嵎夷",《史记》作郁夷;《毛诗》之"周道倭迟",《汉书》作郁夷。则嵎夷、郁夷、倭夷,一也。而三岛、三韩皆我先民游处之地,此《尔雅》所谓"东至于泰远"者也。后乃西徙,举东方地而弃之。故遂沦于外族不属于我也。《说文》以嵎夷在辽西,岂以弃地日广遂以辽西为嵎夷耶?《尚书》宅嵎夷曰旸谷,而遂皇出旸谷、分九河,嵎夷在辽西,九河在兖州,则旸谷可求也。盖即幼海之滨者近是。而《海外东经》《大荒东海》并云汤谷上有扶桑,则扶桑又当于汤谷上求之,则三韩正扶桑也。《南史·东夷传》慧深云:"扶桑国贵人第一者为对卢,第二者为小对卢。"《三国志》说:"高丽其官有对卢。"《旧唐书》:"高丽其官大者号大对卢。"慧深说扶桑之俗,其婚姻则婿往女家门外作屋,相说乃成婚;而《三国志》言高丽其俗作婚姻,女家作小屋于大屋后名婿屋。则足验高丽之事同于扶桑,则高丽亦扶桑也。西人希勒格证扶桑即今之桦太,是三韩迤东皆古所谓扶桑也。《说文》言："日初出东方汤谷,所登扶桑叒木也。"则汤谷更在扶桑之东,则汤谷、扶桑括地最广,皆昔为九夷之居而我先民所游处也。《后汉书·东夷传》："高驹骊,其国东有穴,号曰燧神,以十月迎而祭之。将即出自汤谷、扶桑之人皇、遂皇耳。"《左氏》昭十七年传："宋,大辰之虚也;陈,太昊之虚也;郑,祝融之虚也;卫,颛顼之虚也。"中国王者古无大辰,而《三国志·东夷传》谓："辰韩,古之辰国也。"《后汉书》以三韩七十八国各在山海间,地合方四千余里,东西以海为限,皆古之辰国也。马韩最大,共立其种为辰王。辰之号沿自古昔,与宋为大辰倘有关耶?

《帝王世纪》言："少昊氏自穷桑登帝位,后徙曲阜,于周为鲁。"穷桑在鲁北,或云穷桑即曲阜也。黄帝自穷桑登帝位,后徙曲阜。干宝言征在生孔子于空桑之地,在鲁南山之穴。高诱注《淮南》云："空桑,地名,在鲁。"此皇甫士安穷桑曲阜之说也。《思玄赋》旧注云："少昊居穷桑,在鲁北。"此皇甫穷桑在鲁北之说也。《东山经》云："空桑之山,北临食水。"此鲁之空桑。《北山经》云："空桑之山,空桑之水出焉,东流注于滹沱。"此赵之空桑。而郭璞于此注云："上已有此山,疑同名。"则《山经》共有三空桑,而今本逸其一。《古史考》言："伊尹产于空桑。"倘又更一空桑也。则地之得空桑名者实广,亦犹扶桑。《启筮》云:"空桑之苍苍,八极之既张,乃有夫羲和。"又曰:"羲和之子出于旸谷。"则空桑亦距旸谷。曰苍苍,曰八极,则空桑自属旷野平陆。自赵之空桑以及于鲁之空桑,凡兖州桑土之野、徐州蒙羽之野,临乎旸谷之上者,皆得空桑之名。旸谷东曰扶桑,即榑桑;西曰空桑,即穷桑。汤谷、扶桑、空桑三名皆括地最广可知也。伏羲作琴瑟,为网罟,宜华族于古即能用桑,故兖州曰桑土,《卫风》曰桑田、曰桑中、曰桑落,皆卫地宜桑之证;曰扶桑、曰空桑,知亦业桑之谓也。穷桑之地既广,则黄帝、少昊之自穷桑徙曲阜,谓自北地穷桑来也。《世本》言:"周公居少昊之虚,炀公徙鲁。"是周公初封亦不在曲阜。《郡国志》:"鲁国,古奄国。奄至成王始残之以封伯禽。"则周公之封少昊之虚,曲阜、鲁尚为奄有,周公乌得居之?至炀公徙鲁,则以奄之灭久矣,鲁已得有其地也。《启筮》言:"蚩尤伐空桑。"《周书》言:"赤帝命蚩尤宇于少昊,蚩尤乃逐帝,争于涿鹿之阿。"《淮南子》:"共工振滔洪水,以薄空桑。女娲之世,共工以强霸,火爁炎而不灭,水浩洋而不息。"亦以二渠九江之间地居黄河下流,乃可以振滔鸿水,故蚩尤、共工之战悉在争黄河下游一带。见穷桑、少昊之虚,实二渠九河之地,为古代驰逐之场,而建都则于曲阜。盖九河水草丰美,为耕牧之乡,而曲阜负泰山据街路,为战守之地,自遂人以来,出旸谷,分九河,盖即逐水草以生息于斯。则中国大陆古代人迹始居之地可考见者即在九河。至近世民国十年,北京齿之发见,西人盖以人类遗骸之发见未有古于此齿者，或言至今五六十万年，或言且百万，言最初人类之导源且欲于中国见之也；则九河之地为华族之导源，霭南王以前九河已先有人类栖息。昔我先民生息于斯，或东去扶桑，或南走空桑，要以黄河入海之区为华族导源之地。及往来海上日益频繁，又沿黄河而入上游，而曲阜一隅遂处天下之中，为午道，为街路，而渐以南移，是我先民栖息九河者在遂人之时，扼据曲阜者在伏羲之后也。

  原载 1929 年 11 月 16 日《国立中央大学半月刊》第一卷第三期

论先秦传述古史分三派不同

在昔浙中学者,善持六经皆史之论,缀学之士多称道之,诵说遍国内。晚近托古改制之论兴,缀学之士复喜称道之,亦诵说遍国内。二派对峙,互相诋諆,如冰炭之不可同形,已数十年于此也。余少习经学,好今文家言,独于改制之旨,则惑之未敢信。而平居诵书,又每见周秦诸子陈论古事常与经违,诸子或邻于事情,六经反不免于迂隔,遂稽撰奇说,为《古史甄微》。稿草既成,而儒家言外,若别有信史可稽;经史截分为二途,犹泾清渭浊之不可混,则于托古改制之说,虽欲不信而不得。更后读《楚词·天问》,见其持说乃又不同。王逸序言:"屈原见楚有先王之庙及公卿祠堂,图画天地山川神灵,琦玮僪佹,及古圣贤怪物行事,因书其壁,呵而问之。"是《天问》所陈,皆楚人相传之史,《山海经》雅与符会,谅同本于楚人之旧传,既大异于六经,复不同于诸子,乃恍然于《古史甄微》所述,多本韩非之意,同符汲冢之书,别是北方三晋所传,而儒家六经所陈,究皆鲁人之说耳!盖鲁人宿敦礼义,故说汤武俱为圣智;晋人宿崇功利,故说舜禹皆同篡窃;楚人宿好鬼神,故称虞夏极其灵怪;三方所称述之史说不同,盖即原于其思想之异。《古史甄微》备言太古民族显有三系之分,其分布之地域不同,其生活与文化亦异,六经、汲冢书、《山海经》三者称道古事各判,其即本于三系民族传说之史固各不同耶!余旧撰《经学导言》,推论三晋之学,史学实其正宗,则六经、《天问》所陈,翻不免于理想虚构,而六经皆史之谈显非谛说,托古改制之论亦未必然。何则?今文家言改制者,皆谓经之所陈,作自孔氏,然终无以解于《左》《国》之书,以左书多符六经,安得曰不祖孔子,左书而非祖孔子,则孔子所改制而《左》《国》能偶同之者何耶?盖东方之旧传实然,故左孔同符而别异于晋楚人之说也。此改制之说所不易明,而推本邹鲁、楚、晋三方传说之殊,理或尔也,请详证之。孟子之书,尽人所信者也,以孟子书证孟子书,则见儒家言外,显有异家之史,孟子所称述者若可疑,而孟子所斥责者翻若可信。万章问曰:"人有言,伊尹以割烹要汤,有诸?"孟子曰:"否,不然。伊尹耕于有莘之野,而乐尧舜之道焉。汤三使往聘之,故就汤而说之以伐夏救民。"孟子所陈,与万章所问各异,而《韩非·难言》:"汤,至圣也。伊尹,至智也。夫以至智说至圣,然且七十说而不受,身执鼎俎为庖宰,昵近习亲,汤乃仅知其贤而用之。"则韩非之说足证万章之非诬,自余《庄子》《文子》诸家所言,皆与万章所陈相合,固别一说也。若《天问》说伊尹之事,又自不同。其曰:"成汤东巡,有莘爰极,何乞彼小臣,吉妃是得? 水滨之木,得彼小子,夫何恶之,媵有莘之妇?"说既荒唐,异于孟子、韩非所论。《吕氏春秋·本味篇》:"有侁氏女子采桑,得婴儿于空桑中,献之其君,察其所以然。曰:'其母居伊水之上,孕,梦有神告之曰:"臼出水而东走,毋顾。"明日,视臼出水,告其邻,东走十里,而顾其邑尽为水,身因化为空桑,故命曰伊尹。'伊尹长而贤,汤闻伊尹,使人请之有侁氏,有侁氏不可。伊尹亦欲归汤,于是请娶妇为婚,有侁氏喜,以伊尹为媵送女。汤得伊尹,设朝而见之,说汤以至味。"此又一说也。《吕览》所言,即述《天问》之事,又连及鼎俎庖宰并为一说。盖后起之书,兼备众议矣。是伊尹要汤之事惟一,而《孟子》《韩非》《天问》三家之说不同。《墨子》:"汤将往见伊尹,令彭氏之子御。彭氏之子曰:'伊尹,天下之贱人也,君欲见之,亦令召问焉,彼受赐多矣。'"则孟子之说,惟墨翟与合,岂以邹鲁所传自相同,而与晋楚之说各异耶! 孟子言:"伊尹五就汤五就桀。"则非耕于莘野之人也。"治亦进,乱亦进,圣之任者。"则割烹之说反若可信。以《孟子》证《孟子》,则《韩非》之说有征,而《孟子》之说可疑也。万章问:"或曰:'百里奚自鬻于秦养牲者,五羊之皮,食牛以要秦穆公,信乎?'"孟子曰:"否,不然,好事者为之也。百里奚知虞公之不可谏而去之秦,年已七十矣!"《史记》赵良说:"百里奚,荆之鄙人也,自鬻于秦客,被褐食牛。"《吕氏春秋·慎人》:"公孙枝以五羊皮贾之,而献诸穆公。"《韩非·说林》:"公孙枝自刖而尊百里。"《庄子》:"奚饭牛而牛肥,缪公忘其贱,与之政。"此皆足证万章所问不虚。《孟子》曰:"百里奚举于市。"是亦说自鬻食牛事。以孟子之言足证孟子之言可疑也。《孟子》曰:"太公避纣,居东海之滨,闻文王作,兴曰:'盍归乎来,吾闻西伯善养老者。'"此一说也。而《离骚》则云:"吕望之鼓刀兮,遭周文而得举。"《天问》曰:"师望在肆昌何识,鼓刀扬声后何喜?"此又一说也。《齐世家》谓:"太公以钓鱼奸周西伯。"《吕氏春秋》:"太公望,东夷之士也,欲定一世而无其主,闻文王贤,故钓于渭以观之。"《韩非·喻老》说:"文王举太公于渭滨。"《史记》范雎说秦王曰:"吕尚之遇文王也,身为渔父而钓于渭滨耳!"此又一说也,皆与《孟子》不合。《尚书大传》言:"散宜生、闳夭、南宫括三子者学于太公,太公见三子,知为贤人,遂与三子见文王于羑里。"《史记》言:"吕尚,处士,隐海滨,周西伯拘羑里,散宜生、闳夭素知而召吕尚,吕尚亦曰:'吾闻西伯贤,又善养老,盍往焉。'"史公之说即本之《大传》,与《孟子》同,又足见太公之事惟一,而《孟子》《韩非》《天问》三家之说又各不同。范雎,魏人,故与《韩非》合,伏生与孟子同为东方儒家之说,又能自相合也。《孟子》曰:"舜生于诸冯,迁于负夏,卒于鸣条,东夷之人也。"《淮南子》以"舜征三苗,道死苍梧"。则舜以征三苗不死于东而死于南也,异于《孟子》。而《鲁语》展禽谓:"舜勤众事而野死。"此又以舜非死于征三苗,意与《孟子》合。则邹鲁所传自相同,而与《淮南》《檀弓》等异国之说殊也。"咸丘蒙问:'语云:盛德之士,君不得而臣,父不得而子,舜南面而立,尧帅诸侯北面而朝之,瞽瞍亦北面而朝之,舜见瞽瞍,其容有蹙。孔子曰:于斯时也,天下殆哉岌岌乎!'孟子曰:'否,此非君子之言,齐东野人之语也,尧老而舜摄也。'"然《吕氏春秋》说:"尧传天下于舜,礼之诸侯,妻以二女,臣以十子,身请北面朝之。"《韩非子·忠孝》称《记》曰:"舜见瞽瞍,其容造焉。孔子曰:'当是时也,危哉天下岌岌,有道者父固不得而子,君固不得而臣也。'"则咸丘蒙所持以问,固《孟子》而外异家所述之史文也。《孟子》曰:"尧崩,三年之丧毕,舜避尧之子于南河之南。"而《汲冢古文》云:"昔尧德衰,为舜所囚。"又云:"舜囚尧,复偃塞丹朱。"囚尧、偃朱二城,是南河之南处也,与《孟子》不合。《韩非子·难三》则曰:"夫尧之贤,六王之冠也,舜一从而咸包,而尧无天下矣。"亦与《孟子》不合,而与《汲冢古文》合。《孟子》曰:"舜崩,三年之丧毕,禹避舜之子于阳城。"《韩非·忠孝》则曰:"舜偪尧,禹偪舜,汤放桀,武王伐纣。"《符子》曰:"舜禅夏禹于洞庭之野。"则征三苗、道死苍梧时也,亦与《孟子》不同。《孟子》曰:"禹崩,三年之丧毕,益避禹之子于箕山之阴。"《韩非子·外储》则曰：“禹爱益而任天下于益,已而以启人为吏。及老而传天下于益,而势重尽在启也。已而启以友党攻益而夺之天下。”又与《孟子》不合。《汲冢古文》言：“益干启位,启杀之。”与《韩非》合。《汲冢》魏书,与《韩非》同为三晋北方之说,故能自相同耶！《墨子·尚贤》云：“古者尧举舜于服泽之阳,授之政,天下平；禹举益于阴方之中,授之政,九州成。”《墨子》所言,乃能与《孟子》合者,亦以同为东鲁之说,故又自相同也。"万章曰：'象日以杀舜为事,立为天子则放之,何也？'孟子曰：'封之也,或曰放焉。'"而《韩非·忠孝》说：“瞽瞍为舜父而舜放之,象为舜弟而杀之,妻帝二女而取天下。”《孟子》曰："太甲悔过,自怨自艾,三年以听伊尹之训己也,复归于亳。”而《汲冢古文》言：“太甲潜出自桐,杀伊尹。”《韩非·说疑》又称《记》曰：“尧有丹朱而舜有商均,启有五观,商有太甲,武王有管蔡,五王之所诛者,皆父子兄弟之亲也。”则谓太甲之事与五观、管蔡同也。“万章问：'人有言,至于禹而德衰,不传于贤而传于子。'孟子曰：'否,不然也。'"而《新序·节士》：“禹问伯成子高曰：'及吾在位,子辞诸侯而耕何？'子高曰：'昔尧举天子而传之他人,舜亦犹然。今君之所怀者私也,贪争之端自此始,德自此衰,刑自此繁也。'"《淮南子》说：“有扈氏为义而亡。”高诱注谓：“有扈氏以尧舜举贤,而禹独与子,故伐启。”则万章所问,又上合于伯成子高与有扈氏之义,而异于《孟子》之说也。万章曰:"杀三苗于三危,殛鲧于羽山。"此谓诛有罪也。《史记》云:"流共工于幽陵以变北狄,放驩兜于崇山以变南蛮,迁三苗于三危以变西戎,殛鲧于羽山以变东夷。"此谓以成化也。《晋语》五曰季曰:"舜之刑也殛鲧。"《韩非子》说:"尧不听,举兵而诛共工于幽州之都,诛鲧于羽山之郊。"则诛讨有罪者,三晋之说也。《左氏》文十八年传:"季文子曰:'舜臣尧,流四凶族,投诸四裔,以御魑魅。'"《鲁语》展禽以"鲧障洪水而殛死",与舜勤众事而野死,稷勤百谷而山死并举,则以教民成化者,鲁人之说而《史记》用之也。若《天问》则曰:"永遏在羽山,夫何三年不施?"又曰:"鸱龟曳衔,鲧何听焉?化为黄熊,巫何活焉?"则诬怪之说,固不足论。是伯鲧之事惟一,而楚人与邹鲁、三晋所道又各异也。《孟子》曰:"由尧舜至于汤,五百有余岁,由汤至于文王,五百有余岁,由文王至于孔子,五百有余岁。"而《韩非》说:"虞夏二千余岁,殷周七百余岁。"与《孟子》殊。而《汲冢古文》言"夏年多殷",与《韩非》合。《孟子》言"由周而来七百有余岁",独《鲁世家》与之合。皆以见《孟子》之书,显有矛盾不同之史存于其间。《韩非》《汲冢》之书,皆与《孟子》异而自相同。惟墨子、展禽等鲁人之说,能与《孟子》合而异于白季、韩非三晋之说。《离骚》《天问》,楚人之说,又自差殊。然荒唐悠谬,置之可也。以《孟子》书证《孟子》书,或时又自相违反,足证北方三晋之学邻于事实。三方史说互异,即本《孟子》

书可推而见之,北人所传近真,亦本《孟子》书,可推而见之,此较明之证也。知斯旨也,则于同一事而后人传说各异,莫可考其出于周秦何派者,亦可以义推而得之。

再以《孟子》求之,若万章曰:"父母使舜完廪,捐阶,瞽瞍焚廪。使浚井,出,从而掩之。"赵岐注谓:"捐阶,舜即旋从阶下,瞽瞍不知其已下,故焚廪。浚井,舜入而即出,鼓瞍不知其已出,从而盖其井。"此一说也。《史记》说:"使舜上涂廪,瞽瞍从下纵火焚廪,舜乃以两笠自扞而下去。又使舜穿井,舜穿井为匿空旁出。舜既深入,瞽瞍下土实井,舜从匿空出去。"此又一说也。沈约注《竹书》、梁武帝作《通史》、《宋书·符瑞志》并云:"使舜涤廪,二女曰:'鹊汝衣裳,鸟工往,得飞去。'又使浚井,二女曰:'去汝裳衣,龙工往,自旁而出。'"郭璞注《山海经》云:"二女灵达,能以鸟工、龙裳救井廪之难。"《列女传》(《索隐》引):"二女教舜鸟工上廪。"此又一说也。三说虽见于汉人,然既知晚周三方立说之殊,则足见汉人三说之各有所本。史公所取,显为北方三晋之言,刘、郭则南方楚人神怪之说,而赵氏则为东方邹鲁儒者之说可明也。

再推此例以究,则凡后世儒者所述异闻,皆略可推见所本。百家杂说虽繁,未尝不可分析以究之,使各就条理。盖在战国以前,三方传说本自分明,述文者各守所闻,不相淆乱。自吕不韦使宾客人人著所闻,集论以为《吕氏春秋》,糅合众说,号为杂家。太史公、《淮南子》、韩婴、刘向继之,而先秦旧史统系乃不可理。盖亦犹郑康成糅合今古两学以意取舍,而两汉师法在昔粲若列眉者,是后遂不可理也。今以《孟子》之说为宗,以上合六经,而邹鲁之言史者莫之能异也。以《韩非》为宗,以上合《汲冢纪年》,而三晋之言史者莫之能异也。《经典释文·庄子叙录》谓:"《庄子》书凡诸巧杂,十分有三,《汉书·艺文志》:'《庄子》五十二篇,即司马彪、孟氏所注是也;言多诡诞,或似《山海经》,或类占梦书,故注者以意取去。'"今《庄子》书非完帙,不能考见其所述古事何如,而据陆氏所言,则庄书雅与《山海经》相合,则以屈原、庄子为宗,以上合《山海经》,则南方之言古史者亦莫之能异也。此论明则三方之史不同,定可知也。倘亦如本师廖先以《周官》统古学,以《王制》统今学之意乎!余作《经学抉原》,深信齐鲁学外,而古文为三晋之学,则经术亦以地域而分。余旧读西汉文章,以为刘向、匡衡、董仲舒,此出于鲁人六经者也;邹阳、枚乘、王褒,此出于楚人词赋者也;贾谊、晁错、贾山陈论政事,此出于三晋纵横法家者也。下至西汉,文章之变,略尽于是,而亦以此三系文化为本,此又三方文章之不同也。自邓析、李悝、商鞅、申不害、韩非之徒,并是北人。太史公曰:"三晋多权变之士,夫言纵横强秦者,大抵皆三晋之人也。"则纵横法家固三晋北方之学也。道家如老庄,词赋家如屈宋,并是南人,则辞赋道家固南方之学也。六经儒墨者流,固东方邹鲁之学也。此又三方思想学术之不同也。三方文物之各殊,在在可见,固非言史一端而已。盖即原于三系民族精神之互异、生活环境之不同,本乎情势之不得不然,而决非偶然者。其事至为繁博,此不具论。《经学抉原》《古史甄微》两稿中盖推陈之,而与言托古改制、六经皆史者皆异其趣也。

原载1929年成都大学《史学杂志》第一卷第一期

周初统制之法
先后异术远近异制考

朱晦庵言:"豪杰而不圣贤者有也乎,未有圣贤而不豪杰者也。"此意最可取以讨论中国古史。儒者徒知禹汤文武之以德行仁,为上世之贤君,而不知汤武之方略治术,岂逊于汉唐以来雄略之主!苟惟拘于经说礼文,而不推本史迹,知常而不知变,知经而不知权,以为专恃仁义之足以王,则陈余、徐偃胡为败灭?是知徒法术权势之不足以为政,徒仁义道德亦不足以为政,必也有文章、有武备,守经能权,体颜闵之道,达管乐之术,明体达用,此乃伊周之所以为伊周也。若视汤武伊周如一谦谨之学究,以之立教则可,以之明治则不可;以之治经尚可,以之治史则决不可。余前本据秦汉说五岳诸家各不同,而推论中国开化为自东而西,此复据《孟子》言:"周公封鲁为方百里。"史迁言:"封伯禽于鲁,方四百里。"《明堂位》言:"成王封周公于曲阜,方七百里。"说各差异。考之史事,揆之当时形势,然后知周初统制经略之方先后各殊,远近复异,然后知圣贤机用无异霸者。稽撰其文,亦将以补《古史甄微》旧稿所未及。盖周人经略之方,管蔡之乱以前为一方略,管蔡之乱以后则又一方略,成王残奄之后则又一方略,三者先后迥不相同。其治鄘鄁汝汉则不同,治殷墟则不同,治东方又不同,殆以新疆旧疆既殊,去王京远近复别,故制法各异,而韩辽之境则又无术以治之,直弃之而已。知此则知武王周公固不徒为循谨守道之君臣,而经说往往差异不同之处,实治术更革之迹,亦犹说五岳者所据各不同,此正史料,非关经义也。考周之王迹始兴,起于关阪。郑玄《诗谱》言:"帝乙初命王季为西伯,至纣又命文王典治南国江汉汝旁之诸侯。"就《后汉书·西羌传》言之,季历伐西落鬼戎,盖俘二十翟王,又伐燕京之戎,克余吾之戎,于是太丁命季历为牧师,是后更伐始呼翳徒之戎。及文王为西伯,西有昆夷之患,北有狁之难,遂攘夷狄而戍,莫不宾服。乃率西戎征殷之叛国以事纣。武王克商,而庸、蜀、羌、髳、微、卢、彭、濮人,率会于牧野。则周益先植根于西方,势力已固,然后举西方之力以东向而争天下,故《汲冢古文》云:"武王率西戎伐殷。"是伐殷之后,西方周人之旧疆,固非难治,而难治者殆在河山以东之新疆,此固周人应竭全力以赴之者也。旧撰《古史甄微》(见《史学杂志》第五期二十一页)于殷之末世,见戎强于西,夷强于东,盖与殷并为三大势力。周既克西戎,止定其一,尚遗其二。《孟子》曰:"周公相武王,诛纣伐奄,三年讨其君。"赵岐注:"奄,东方无道国。奄大国,故特伐之。"《续汉书·郡国志》:"鲁国,古奄国。"盖武王、周公既诛纣以定中原,又伐奄以奠东方,而后天下毕定,三年讨其君,盖定商奄之难也。乃封太公于齐以表东海,封召公于燕以临其北,封周公于鲁以处其南,周之三公重臣毕封于东,重权积势以制之,则以东土未集,其备之乃若是其严,此周初镇抚东方之方略也。《齐世家》言:"太公至国,莱侯来伐,与之争营丘,营丘边莱,莱人夷也,会纣之乱而周初定,未能集远方,是以与周公争国。"当时东夷之暴,于此亦足见之。《周本纪》言:"封商纣子禄父殷之余民,为殷之初定未集,乃分其畿内为三国。"郑玄《诗谱》说:"周武王伐纣,以其京师封纣子武庚为殷后,三分其地置三监,使管叔、蔡叔、霍叔尹而教之。自纣城而北谓之邶,南谓之鄘,东谓之卫。"以三公镇东土,以三监镇殷墟,则诛纣伐奄既有天下之后,周人所以制商奄之方略,固了如指掌也。《王制》言:"天子使其大夫为三监,监于方伯之国。"岂周初灭殷,而武庚亦尝为方伯耶?《齐世家》言:"周成王少时,管蔡作乱,淮夷叛国,乃使召康公命太公东至于海,西至于河,南至于穆陵,北至于无棣,五侯九伯,实得征之。"则周人以殷乱付周公讨之,以东夷之乱俾太公讨之。盖周虽以三公毕封于东,而周召二公皆留相王室居内,东土唯委之于齐。《书序》言:"伯禽宅曲阜,徐夷并兴,东郊不开,作《粊誓》。"《鲁世家》言:"管蔡等反,淮夷徐戎亦并兴反,于是伯禽率师伐之,遂平徐戎。"则鲁人东攘,视齐尤力。夫太公在齐,海岱之间敛袵而朝焉。势非不厚、权非不重也。乃当宗周之急,竟拱手以观其成败,何耶?及周公战于殷,伯禽战于鲁,王室赖以复宁。《书序》言:"召公、周公相成王为左右,召公不说,周公作《君奭》。"岂召公、太公皆不说于周公耶?

《鲁世家》言:"管、蔡、武庚果率淮夷而反,周公兴师东伐,遂诛管蔡,杀武庚,宁淮夷,东土诸侯咸服宗周。"《诗》曰:"周公东征,四国是皇。"《毛传》说:"四国,管、蔡、商、奄也。"盖周公既戡殷乱,又定淮夷,则东土之宁,固非伯禽之力所能葳事。周初之所致虑者,即殷墟与东夷,故以三公三监镇之,而相率以叛者,即此两大势力,其强固未易服也。《尚书大传》:"奄君薄始谓禄父曰:'武王既死矣,今王尚幼矣,周公见疑矣,此世之将乱也,请举事。'然后禄父及三监叛也。"则管蔡之乱,奄人实启之。《韩非子》说:"周公将攻商盖,辛公申曰:'不如服众小以劫大。'乃攻九夷而商盖服矣。"商盖即商奄,是奄果大国而周人之劲敌,周公亦仅服之而已。《周本纪》言:"周公行政七年,反政成王,东伐淮夷、残奄,迁其君薄姑。"《尚书孔传》:"成王即政,淮夷、奄国又叛,王亲征之,遂灭奄而徙之。"《帝王世纪》:"成王既营都洛邑,复居丰镐,淮夷及徐戎商奄又叛,王乃大蒐于歧阳,东伐淮夷。"又以见周公惟宁淮夷、服商奄,至成王乃伐而残之,然后东土始大定。东夷固周人之劲敌,历久而后削弱。盖崇为殷人西藩之大国(详见《史学杂志》第五卷《古史甄微》第二十一页),而奄为殷人东藩之大国也。《周书·作雒解》:"三叔及殷东徐奄及熊盈以叛。"又云:"凡所征熊盈族十有七国,俘维九邑。"足见东征灭国之多。《孟子》云:"诛纣伐奄,三年讨其君,灭国者五十。"《汉书·地理志》临淮郡徐县,自注:"故国,盈姓,至春秋时徐子章禹为楚所灭。"《左氏》昭元年传:"周有徐奄。"杜注:"二国皆嬴姓。"正义以为《世本》文也,是盈即嬴姓,徐奄之属是也。《世本》云:"淮夷嬴姓。"又言:"江黄二国皆嬴姓。"见嬴姓之国之多。是周公之攻九夷,成王之伐东夷(《书序》),其皆嬴姓之国,而少昊、皋陶之裔也。《秦本纪》言:"中衍鸟身人言,太戊闻而卜之,使御吉,遂致使御而妻之。自太戊以下,中衍之后,遂世有功,以佐殷国,故嬴姓多显,遂为诸侯。"是嬴姓固殷之世臣,其叛周宜也。恶来有力,飞廉善走,父子俱以材力事殷纣。武王伐纣,并杀恶来。《孟子》曰:"驱飞廉于海隅而戮之。"嬴氏固世忠于殷,而海隅其根据地也。《帝王世纪》言:"皋陶偃姓。"应劭说:"偃姓,皋陶之后。"《世本》:"偃姓,舒庸、舒蓼、舒鸠、舒龙、舒鲍、舒龚。"杜预以"舒为东夷国人"。《路史》云:"少昊后偃姓舒国。"是偃姓亦少昊、皋陶之裔。周公"荆舒是惩",常并伐此群舒也。武王克殷而巢伯来朝,郑玄以为"南方世一见者",徐邈曰:"巢,偃姓之国。"盖武王诛纣伐奄,嬴偃之族并皆率服。及周公摄政而嬴偃之族并起而叛之。则殷顽为一大势力,东夷为一大势力。西方之国崇为大,崇灭而西方定;东方之国奄为大,奄灭而东方乃大定也。

《周书·作雒》称:"周公既克殷乱,俾康叔宇于殷,俾仲旄父宅于东。"孔晁注:"东谓卫,殷谓鄘。"孙仲容据《世本》,以康叔子康伯名旄,即此中旄父。则周公克殷救乱之后,建康叔于卫,俾中旄父分治之,以镇殷墟、代三监之任也。《史记》曰:"周封伯禽、康叔于鲁卫,地各四百里,太公于齐,兼五侯之地。"周初大国,惟此三国耳。《左氏》定四年传:"因商奄之民命伯禽而封于少昊之墟。"班固言:"周成王时薄姑氏与四国作乱,成王灭之以封师尚父。"是鲁之大自商奄既平后益之,齐之大自灭薄姑后益封之。《齐语》:"桓公问管仲曰:'吾欲南伐何主?西伐何主?北伐何主?'对曰:'南以鲁为主,西以卫为主,北以燕为主。'"是下至桓公之霸,犹以燕、卫、鲁三国为强。成王盖以王室本以东土付之太公,而当管蔡四国之乱,乃齐人战不如鲁人之力,乃大封鲁,以东方之任付之。则前以三监制殷墟者,此唯大建卫制之;前以三公制东方者,此唯大封鲁以制之。殷乱既平,而周人制商奄二国之方略于是一变也。《诗谱》以"邶、鄘、卫在冀州太行之东,北逾衡漳,东及兖州桑土之野",郑注《尚书》云:"分卫为并州。"是卫地北有并州,东有兖州,西有冀州,其辽如是。班固说:"齐桓公更封卫于河南曹楚丘,而河内殷墟更属于晋。"则卫自懿公后始失北方地,而晋始大也。《左氏》定四年传:"分鲁公以殷民六族,条氏、徐氏、萧氏、索氏、长勺氏、尾勺氏,使帅其宗氏,辑其分族,以商奄之民,命以伯禽,而封于少昊之墟。分康叔以殷民七族,陶氏、施氏、繁氏、锜氏、樊氏、饥氏、终葵氏,命以《康诰》,而封于殷墟。皆启以商政,疆以周索。"夫鲁卫之封,同以商民,同以商政。以唐叔封于夏墟、启以夏政推之,则卫固殷墟,鲁亦殷墟也。《纪年》:"殷自南庚以来居奄,盘庚始自奄迁殷。"许慎曰:"鄑,周公所诛国,在鲁。"郑玄曰:"鄑在淮夷之北。"曰商奄,正以商人尝都此奄国也。商有邳之乱而大彭作伯徐淮,有侁之乱而豕韦作伯鄌卫,商人又自居之。周既剪商,盖以其归殷久则难变,至是乃大建鲁卫以制之。诚以周南召南被文王之化深,而商奄殷墟尚殷顽之窟宅也。自武庚既诛,以殷民六族封鲁,以七族封卫,或从微子徙之宋,或徙之成周,而殷民散弱不能复叛也。《左氏》定六年传:"太姒之子,惟周公、康叔为相睦也。"周公鉴二叔之不咸,而移康叔于卫以自固,故曰鲁卫之政兄弟也。自鲁卫之建,王业遂固也。

《明堂位》:"成王以周公勋劳于天下,于是封周公于曲阜,地方七百里,革车千乘。"《王莽传》说:"成王之与周公也,开七百里之宇,兼商奄之民。"盖鲁卫益封四百里,为周公东征管蔡既平时事。及成王伐淮夷残奄,斥地益广,以淮夷之再叛再征,其顽强远过殷之余民,故成王又益封鲁至方七百里以临之也。《閟宫》之诗:"王曰叔父,建尔元子。俾侯于鲁,大启尔宇,为周室辅。"笺云:"封以七百里,欲其强于众国。""乃命鲁公,俾侯于东。锡之山川,土田附庸。"笺云:"加锡之以山川土田及附庸令专统之。"《王制》曰:"名山大川不以封诸侯,附庸则不得专臣也。"定四年传:"周公相王室,以尹天下,分之土田陪敦。"杜注:"陪,增也。敦,厚也。"夫王圻千里,为方百里者百,今鲁方七百里,为方百里者四十有九,则已半于天子之邦也。则周公之陪敦若是。诗曰:"奄有龟蒙,遂荒大东。至于海邦,淮夷来同。"又曰:"保有凫绎,遂荒徐宅。至于海邦,淮夷蛮貊。及彼南夷,莫不率从。"是周公所率,自淮海而及南夷蛮貊也。《孟子》称:"戎狄是膺,荆舒是惩,周公方且膺之。"《吕氏春秋·古乐篇》:"成王立,殷民反,王命周公践伐之。商人服象,为虐于东夷,周公遂以师逐之,至于江南。"是周公兵威,远被荆扬,尝伐楚而击群舒。《蒙恬传》说:"周公奔楚。"正以周公之剟彼东南也。《鲁世家》言:"成王乃命得郊祭文王,鲁有天子礼乐者,以褒周公之德。"故礼曰:"鲁,王礼也。"《左氏》僖二十四年传曰:"昔周公弔二叔之不咸,故封建亲戚以蕃屏周,管、蔡、郕、霍、鲁、卫、毛、聃、郜、雍、曹、滕、毕、原、酆、郇,文之昭也;邘、晋、应、韩,武之穆也;凡、蒋、邢、茅、胙、祭,周公之胤也。"周公大封其支庶,比于文武,其势重拟于天子。则鲁有天子之礼乐者,以鲁固拟于周而东方诸侯之长也。《孟子》曰:"周公之封于鲁也,为方百里。太公之封于齐也,亦为方百里。"此周初之制,周公、太公受封之疆里也。因薄姑以封太公,于是兼五侯地;因商奄以封伯禽,因殷墟以封康叔,于是地各方四百里。此既平殷乱后之制,伯禽康叔受封之疆里也。殷乱既平,则分殷余民于宋、于卫、于鲁,遂不复乱,而商奄以去周京既远,再叛再征,故开七百里之宇以益鲁之封,此成王褒周公,重以东土镇藩委之之疆理也。班固曰:"武王崩,三监叛,周公诛之,尽以其地封康叔。"是卫之初封固已尽得三国地。而郑玄《诗谱》言:"成王杀武庚,伐三监,更于三国建诸侯,以殷余民封康叔于卫,后世子孙稍并彼三国。"赵岐注《孟子》亦谓:"周公、太公地尚不能满百里,后世兼侵小国,今鲁乃五百里也。"则东汉儒者不识三国益封之义,故立说与司马迁乃大背也。管子于鲁、于卫、于燕皆曰"海于有蔽",又见三国环齐而居,皆东至于海也,受土均若是其大也。

周以克西戎灭崇而兴王迹,及天下初定,遂以三公镇东夷,以三监镇殷墟;管蔡既平,又以伯禽镇东夷,以康叔镇殷墟,此周人理其新疆之方略也。周之始兴,先得西戎,又得南国,此周人之旧疆也。则分陕以东周公治之,及于汝汉,谓之周南;分陕以西召公治之,及于江沱,谓之召南。此周人理其旧疆之方略也。周人既宅丰镐为西都以固其根本，周公又营成周，召公营王城，为东都以临治诸侯。内分之为周召，外辅之以鲁卫，内外相维，周之所以多历年所者，非偶然也。夏人托昆吾于许卫，而自经略北方，殷人建三亳而委东土于彭韦，周人以西都固根本，以东都朝诸侯，而辅之以鲁卫，三代之操术也各不同，惟周人之立制，其用意更密也。然魏默深说周人东土终不如殷之远。依孙炎说，谓《尔雅》所述为殷人之九州，以是而言，《尔雅》有营州而《职方》无之，《职方》之幽州薮獟养、川河泲、浸菑时，皆在山东，《尔雅》："齐曰营州。"在青州之东，其东北又距海，至周全失之。《尔雅》曰："燕曰幽州。"在辽水之西，至周则不能全有之。周人东北属土，视殷人固不及也。《书大传》曰："武王释箕子之囚，箕子不忍周之释，走之朝鲜，武王闻之，因以朝鲜封之。"《宋世家》云："武王封箕子于朝鲜而不臣。"则周地东不及营州，以箕子固不臣也。《史记》："伯夷、叔齐，孤竹君之二子也，武王既平殷乱，天下宗周，伯夷、叔齐耻之，义不食周粟，隐于首阳山。"许叔重说："首阳山在辽西。"章枚叔以为"今卢龙东南二十五里首阳山，即古首阳山"。《庄子·让王》："夷齐北至于首阳之山。"幽州固在中国之北，则周地不全有古之幽州，岂以夷齐之义不臣周故耶？《书传》曰："伯夷避纣，居北海之滨，太公避纣，居东海之滨，皆率其党曰：'盍归乎，吾闻西伯昌善养老。'"则伯夷、太公之各有其徒党也。《书大传》又曰："散宜生、闳夭、南宫括三子者学乎太公,太公遂与三子见文王于羑里,文王以为四友,以免虎口。"郑注:"吕尚有勇而为将,散宜生有文德而为相。"《诗毛传》说:"文王有四臣以受命。"是太公之党,贤才若此,则伯夷之党亦可知。殆既从伯夷返隐处于首阳北海之滨,遂无从考耳!《韩非子》:"纣为长夜之饮,箕子谓其徒曰:'为天下主而一国皆失日,天下其危矣。'"是箕子亦有其徒人。史称箕子耻臣周室,率国人五千避地朝鲜,遂王其地。则首阳、朝鲜之隐,固有义士五百、君子六千为之从。《汲冢书》:"武王十三年,率虎贲三千人渡河,伯夷、叔齐扣马而谏,武王不听,去隐于首阳山,或告伯夷、叔齐曰:'胤子在鄁,父师在夷,奄孤竹而君之,以夹煽王烬,商可复也。'"是孤竹之隐,朝鲜之避,其志固深。《韩非子·外储》:"伯夷以将军葬于首阳山之下。"知伯夷非肥遁士而三军之率也。然则封燕亦所以备幽州,而封齐所以备营州耶?是则周初形势,二南则根据地也,易于治理;殷墟则殷顽之窟宅也,治之则难,康叔临之;商奄固殷之强藩也,治之尤难,周公平之。朝鲜、辽东则尚保余烬,以贤者得百里之地而君之,故虽武王、周公莫可谁何,直无术以治之,则亦各君其土,惟听之耳,固未敢轻言远略也。

原载1930年3月《国立中央大学半月刊》第一卷第九期

论秦及汉初之攻取

言世之乱,莫急于战国,争城以战,杀人盈城,争地以战,杀人盈野。而七国之暴,尤莫过于秦。秦法:"战而斩敌一首者,赐爵一级。"于是伊阙之战斩首二十四万级,长平之战坑四十五万人。自献公以来,就秦战之可考者十二战言之,秦之斩首计一百三十二万七千级。他若南收黔中,北定太原,斩首之数,谅亦必多,而皆不可考。楚、赵、燕、齐,盖常相战,俘斩之数,亦莫可闻。则七国战杀之多,迥非今世战争之可几及也。考春秋之初,齐桓公二年,周庄王之十三年也,于时民口千百八十四万七千人,除老疾二百八十四万三千人,定受田者九百万四千人,经春秋战国,下及楚汉之争(项羽坑秦卒廿万于新安,汉王彭城之败,睢水为之不流),及元始二年,则汉之人口凡五千九百一十九万四千九百七十八人。韩非有言:"今人有五子不为多,子又有五子,大父未死而有二十五孙。"则当时生殖之繁大率可考,然六百八十年之间,人口之增才四倍而强，则以死于战祸者之众也。然禹平水土，于时民口千三百五十万三千九百二十三人，至武王克商，于时民口才千三百七十一万四千九百二十三人，夏商千载之间，才增二十余万人耳。自克商至桓公，民口之减，复二百余万，则三代战伐之暴，宜远过于七国。文王克崇，则《诗》曰："执讯连连。"武王克殷，则《书》曰："血流漂杵。"盂伐鬼方，俘人万有三千，馘耳尤众，其数著之鼎彝，尤见馘斩之法原于周代，固不始自商君，非秦人惟独暴也。武王诛纣伐奄，灭国五十；周公东征熊盈族十有七国，俘惟九邑；文王受命，七年而五伐，灭国十有三，服国四十余（别有考）；王季伐鬼，则俘二十翟王；公刘徙邠，则服十有八国，俘战之数，或为尤多。郑玄云："混夷之国，见文王之使，将士众过己国，则惶怖惊走奔突，入柞棫之中而逃，甚困剧也。"则师行之暴，与民人惊惧之状，言之若画。以下视春秋齐桓公并国三十，荆庄王并国三十六，晋献公并国十七，服国三十八，秦缪公并国二十（此皆见于韩非书，为《春秋》所不载），则五霸灭国不如周多。又考之夏商，商有天下，而国之不服者五十三，汤之《誓》则曰："尔尚及予一人致天之伐，予其大赉汝，女不从誓言，予则帑僇女，无有攸赦。"夏有天下，国之不服者三十三，甘之《誓》则曰："用命赏于祖，不用命僇于社，予则帑僇汝。"以视武王克商，前歌后舞，三千一心，则夏商之暴、斩杀之众，又远过周。《庄子》曰："尧攻丛枝、胥敖，国为虚厉，身为刑戮。"

《吕刑》曰："遏绝苗民，无世在下。"则古之诛胥敖、三苗，又必欲虚其庐邑、尽其族类而后快，其视夏商又更暴也。在昔禹会诸侯于涂山，执玉帛者万国；殷汤受命，存者三千，则灭者十之七；周之克殷，有千八百国，则又损三之一也；春秋之际，尚千二百国，又损三之一也。古之灭国也多于后，则后之屠人也不必多于前，又安见战国为独乱，秦人为独暴耶？《传》曰："孔甲乱夏，四世而殒；帝甲乱殷，七世而殒。"夫夏自孔甲至桀行暴，诸侯相兼，则帝甲至纣，想亦犹然，固知夏殷之季皆战国也。《孟子》曰："世衰道微，邪说暴行有作，孔子惧，作《春秋》。"此谓衰周之际，诸侯相兼，为暴行也；百家竞鸣，则邪说也。而《孟子》复曰："尧舜既没，圣人之道衰，暴君代作，邪说暴行又作，及纣之身，天下大乱。"此谓夏商二代之季，事亦如周，邪说则辛甲、鬻熊、尹佚之流是也；暴行则费仲、恶来、崇侯之流是也。若夏后之干莘，三苗之成驹，驩兜之孤男，共工之浮游，有扈之失度，或亦此类也；则衰周之季，有邪说，有暴行，夏商二代亦犹然也。《传》曰："昆吾为夏霸也，大彭、豕韦为殷霸也，齐桓、晋文为周霸也。"桓文于上无天子、下无方伯之时，以诸侯专征伐，是为春秋之世；然方夏之衰，诸侯僭差，昆吾乃为盟主，诛不从命，以尊王室；则大彭、豕韦之于商，谅亦犹然；则三代之各有盟主专征之时，亦如春秋事也。方宗周方盛，宣王丧师于南国，昭王丧师于江汉，徐偃伐宗周，武庚以殷叛；而殷则高宗伐鬼方，三年而仅克之；后羿、寒浞之乱夏，窃国向百年；

则夏商盛时,亦战争不息。犹不仅此也,《传》曰"虞有三苗,夏有观扈,商有侁伾,周有徐奄",则强藩之跋扈可知。曰"虞有商均,启有武观,商有太甲,武王有管蔡",则宗亲之离析可知。曰"夏启有璇台之飨,商汤有景亳之命,武王有孟津之会,成有歧阳之蒐,康有酆宫之朝,穆有涂山之会",是皆王迹方隆,战伐犹殷者也。侁伾观扈,乱同徐奄,此三代盛时之祸也。及王室中微,五霸迭起,昆吾彭韦,事比桓文,五伯诚三王之罪人也。五霸既没,天下并争于战国,今之诸侯,诚五霸之罪人也。非独周季为然,夏商二代,孔甲、帝甲而后,莫不如斯,则三代屠殁之量,固未可限,此人口之所以向千载而惟益二十万口者耶?是知夏商之暴过于姬周,文武俘斩之多优于春秋,桓文灭国之数,战国莫能比拟,非徒言也,又何独于暴戾为秦咎哉?且周既东迁,诸侯莫朝,王室渐以微弱,暴行邪说以作,然较之前代递嬗之际,其暴其邪,又视周为过也。吴起曰:"昔三苗氏左洞庭,右彭蠡,衡山在其南,歧山在其北,德义不修,禹灭之。夏桀之居,左河济,右泰华,伊阙在其南,羊肠在其北,修政不仁,汤放之。殷纣之国,右孟门,左太行,常山在其北,大河经其南,修政不德,武王杀之。"由此其险也,周之亡,其暴行固未恃险若此以兴祸也。《墨子》曰:

> 昔者有苗大乱,天命殛之,日妖宵出,雨血三朝,龙生于庙,犬哭乎市。高阳乃命于玄宫,禹亲把天之瑞令,以征有苗。有神人面鸟身,以侍搤有苗之祥,

苗师大乱。此则禹之所以征有苗也。逮至乎夏王桀，天有诰命，日月不时，寒暑杂至，鬼呼国，鹤鸣十夕，天乃命汤于镳宫，汤率其众以向有夏之境，帝乃使阴暴毁有夏之城，此则汤之所以诛桀也。逮至乎商王纣，天不序其德，妖妇宵出，有鬼宵吟，天雨肉，棘生于国道，赤鸟衔珪，降周之歧社，曰天命周文王伐殷有国，武王乃攻狂夫，天赐武王黄鸟之旗，此即武王之所以诛纣也。

其诞若是。周之亡，其邪说固未有如此诬妄以愚人也。则战国之横议不为独夸，战国之暴行不为独烈，至其争城争地杀人之众，为祸固又逊于夏商，则缀学之士，独以邪暴为战国病者何耶？余察乎今日之世界，又一战国也，其争城争地杀人之众，又不如周末，则又何必戚戚焉为今世忧！《孟子》曰："天下之生久矣，一治一乱。"三代之治极也，而乱犹若兹，今日之乱，其将一反之治，以底于升平、太平、天下为公之日不久也，吾安居读书以俟之。

十八年五月蒙文通叙于成都

《墨子》曰："昔者楚熊丽始封此睢山之间，越王繄亏出自有遽，始邦于越，唐叔与吕尚邦齐晋，此皆地方数百里，今以并国之故，四分天下而有之。"又曰："今天下好战之国齐、晋、楚、越，以并国之故，万国有余皆灭，而四国独立。"足见春秋之末、战国之初称强国者,南则楚越,北则齐晋,四国而已。太史公谓秦始小国僻远,诸夏宾之,比于戎翟,至献公之后,尝雄诸侯,此则秦之列于强国,自献公之后事也。而史公于《十二诸侯年表》则曰:"政由五霸,诸侯恣行,晋阻三河,齐负东海,楚介江淮,秦因雍州之固,四国迭兴,更为霸主。"以秦为已强于春秋之世者,则以文公逾陇攘夷狄、营岐雍之间,穆公修政东境至河,与齐桓、晋文中国等侔之时事也。盖春秋之世,穆公并国二十,西霸戎狄,广地益国,东服强晋,曾强于一时,然史称其死而弃民,收其良臣,黄鸟兴哀,君子是以知秦不能复东征,固不旋踵而秦又弱也。晋厉公常率诸侯伐秦,秦军败走,追至泾而还。悼公数会诸侯,率以伐秦,败秦军,秦军走,晋兵追之,遂渡泾至棫林而还,则关河以西,遂为晋有。故孝公下令国中曰:"昔缪公修德行武,东平晋乱,以河为界,西霸戎狄,广地千里。会往者国家内忧,未遑外事,三晋攻夺我先君河西地,诸侯卑秦,丑莫大焉。"固知秦之中微也。至孝公出兵东围陕城,西斩戎之獂王,而秦乃稍辟地,故史公称其自献孝之后,稍以蚕食六国而秦稍兴,今论秦之攻取天下,且始于此。

史公谓秦以往者数易君,故三晋复强,夺秦河西地。孝公元年,河山以东强国六,与齐威、楚宣、魏惠、燕悼、韩哀、赵成侯并。淮泗之间,小国十余。楚魏与秦接界,魏筑长城,自郑滨洛以北有上郡,楚自汉中南有巴、黔中。

此述孝公时秦与中国疆境及山东形势最明。考魏之筑长城塞固阳,在魏惠王之十九年,即秦孝公之十年,时商君已为秦大良造伐安邑,而魏犹筑长城塞固阳以界秦,则于时长城以东犹魏地也。《史记正义》曰:"楚北及魏西与秦相接,北自梁州汉中郡,南有巴渝,过江南有黔中巫郡也。魏西界与秦相接,南自华州郑县西北过渭水,滨洛水东岸,北达银州,至胜州固阳县,固阳有连山,东至黄河,皆筑长城以界秦,北有上郡鄘州之地,洛即漆沮水也。"(此会《秦本纪》《魏世家》二处《正义》文。)于时秦尚偏处魏长城之西,至惠王之三十一年,商君虏公子卬,秦始东地至河,魏亦徙都大梁,所谓西丧地于秦七百里是也。及襄王之三年,纳阴晋地于秦,五年予秦河西之地,七年又尽入上郡地于秦,则于时宜以河为界也,而秦又侵入河东,此秦魏境界始末甚明。近人王静安作《秦都邑考》,以为河西之失非尽事实,孝公欲激发国人,故张大其辞,陈义舛误,故此于魏秦之界尤详论之(商君于孝公之十年已伐安邑降之,十一年围固阳降之,而魏乃筑长城,至惠文王之十年,魏始纳上郡,而安邑犹未入秦,不得如王君说秦人曾经营东北,遂遽以东北为已入秦也)。

秦当孝公之世,上郡、河西属之魏,汉中以南属之楚,南郑属之蜀(蜀后封苴侯于南郑,此时不属于楚,至秦置汉中郡,始西合南郑以广之),陇西属之绵诸、獂王,北地(在天水)属之朐衍、义渠(《正义》:"宁、原、庆三州,秦北地郡,秦秋及战国时为义渠戎国之地"),于时尚不能全有内史一郡之地,则秦之弱可知也。穆公西霸戎狄,广地千里,而是时则义渠等已跳梁于其间,东境至河,则大荔已据而有之,则秦之邻于戎狄也久矣,地之褊也亦甚矣,而欲复缪公之故地,修缪公之政令,岂一东伐所能集其功!顾栋高以为秦有凤翔、延安、平凉、秦州、西安、商州、同州、乾州,不能越陕西一省,其同州与商州之地,犹与晋楚错壤,而商州之上洛属晋,洛南属楚,则以秦地方晋楚,不能十一。商君相秦,取诸小乡聚集为大县,县一令,四十一县(《年表》作三十一县)。《汉百官表》以县令长皆秦官,万户以上为令,减万户为长,是秦地之小、秦民之寡如是,而欲奋翼中国,盖亦难也。方穆公之强,秦未尝一日忘东取,其入夷吾于晋,固欲得晋河西八城,东尽虢略,不可得则乘晋丧以袭郑,不可得则还师灭滑,遂败于殽,而滑入于晋;后又灭鄀以图出武关争夏道,而郢复入楚(楚汉入秦,及周亚夫出关,皆兼此二道),而秦遂久局促于关中。方吴之入郢,秦能救楚而不知复郢,致楚昭王北徙都之,此秦人历久之不能东向也。

偪秦最甚者魏也,商君之说孝公曰:"秦之与魏,譬若人有腹心之疾,非魏并秦,即秦并魏。"见秦魏之不可两立。而战国之初,以魏为最强。《吕氏春秋》:"魏文侯好礼士,故南胜荆于连堤,东胜齐于长城,虏齐侯献诸天子。"《说苑》:"翟璜曰:'昔者西河无守,臣进吴起而西河之外宁；邺无令，臣进西门豹而魏无赵患；酸枣无令，臣进北门可而魏无齐忧；魏欲攻中山，臣进乐羊而中山拔；魏无使治国之臣，臣进李克而魏国大治。'"盖内治外武，盛于一时。魏武侯谓吴起曰："今秦胁吾西，楚带吾南，赵冲吾北，齐临吾东，燕绝吾后，韩据吾前，六国之兵四守，势甚不便。"（见《吴子》）张仪亦谓："魏地四平，诸侯四通，无名山大川之限（张据魏已徙都大梁而言），卒戍四方，梁之地势，固战场也。"则魏虽强盛，而守之实难。故文侯常"西促秦至郑，使吴起守之，北灭中山，使子击守之"。常庄谈谓赵桓子曰："魏并中山，必无赵也。"赵武灵王亦曰："中山在我腹心。"盖自晋阳属之邯郸，皆赵地也，而魏自安邑属之中山，则赵分为二，是魏文侯固欲北启常山以固圉者也，乃至于惠王而魏遂衰。《吕氏春秋》言："当魏惠王之时，五十战而二十败，所杀者不可胜数，大将爱子有禽者也，围邯郸三年而弗能取，士民罢潞，国家空虚，天下之兵四至，名宝散出，土地四削，魏国从此衰矣。"盖魏又终以图邯郸而屡败于齐，致为秦所乘，而魏以弱也。《史记》言商君说孝公曰："魏往年大破于齐，诸侯叛之，可因此时伐魏，魏不支秦，必东徙，然后秦据河山之固，东乡以制诸侯，此帝王之业也。公从之，使卫鞅将兵伐魏，大破之。魏惠王兵数破于齐秦，国内空虚，日以削，恐，乃割西河之地献于秦以和，魏遂去安邑，徙都大梁。"而秦之势遂振也。

方魏之盛时,使吴起守西河,秦兵不敢东向,韩赵宾从,拔秦之五城,而王错谗之于魏武侯,武侯使人召之,吴起至岸门,望西河泣数行下,曰:"君诚知我,使我毕能,秦必可亡也,而西河可以王。今君听谗人之议而不知我,西河之为秦也不久矣,魏从此削矣。"则吴起之黜于魏,诚商君之幸,而以西河资秦也。夫六国李悝之相魏,吴起之相楚,申不害之相韩,及赵武灵王,皆善能制法强兵者,其持说奚异于商君,而独商君相秦能使秦成帝业者,则商君外攘之策,其功有过于变法者也。其书《徕民》一篇,即所以强秦而弱三晋之本,今节录其文于下:

今秦之地,方千里者五,而谷土不能处二,田数不满百万,其薮泽溪谷名山大川之财物货宝,又不尽为用,此人不称土也。秦之所与邻者三晋也,所欲用兵者韩魏也,彼土狭而民众,其宅参居而并处,民上无通名,下无田宅,而恃奸务末作,此其土不足以生其民也,似有过秦民之不足实其土也。民之情,其所欲者田宅也,而晋之无有也,信秦之有余也,必如此而民不西者,秦士戚而民苦也,其所以弱不夺三晋民者,爱爵而重复也。今三晋不胜秦四世也,自魏襄以来,野战不胜,守城必拔,小大之战,三晋之所亡于秦者,不可胜数也,若此而不服,秦能取其地而不能夺其民也。今王发明惠,诸侯之士来归义者,使复之三世无知军事,秦四竟之内,陵阪丘隰不起十年征者,于律也足以造作夫百万，今利其田宅而复之三世，则山东之民无不西者矣。夫实旷虚，出天宝，而百万事本，其所益多也，岂徒不失其所以攻乎？夫秦之所患者，兴兵而伐则国家贫，安居而农则敌得休息，此王所不能两成也。今以故秦事敌，新民作本，兵虽百宿于外，竟内不失须臾之时，此富强两成之效也。行此十年之内，诸侯将无异民，而王何为爱爵而重复乎？周军之胜，华军之胜，秦斩首而东之，无益亦明矣。而吏犹以为大功，为其损敌也。今以草茅之地，徕三晋之民，而使之事本，此其损敌也与战胜同实，而秦得之以为粟，此反行两登之计也。

商君弱晋之术，此其大略。盖战国之世，所有余者地也，所不足者民也，梁惠王以邻国之民不加少、寡人之民不加多为忧，孟子以鸡鸣犬吠相闻，而达乎四境为齐颂，皆此意也。商君徕民之策定而韩魏弱也，及一战虏公子卬，魏遂去安邑而东徙大梁，韩已去平阳而徙阳翟，赵去晋阳而徙邯郸，三晋已东，则所与秦偪处者惟楚耳！《楚世家》宣王三十年秦封卫鞅于商，南侵楚，是秦方胜魏，而商君即图侵楚，乃封商一年而孝公薨，商君为僇（孝公二十二年败魏封商君，二十四年孝公薨，秦人杀商君），则楚之不即失汉中、亡鄢郢而东徙于陈者亦幸也。《吕氏春秋》曰："吴起谓荆王曰：'荆所余者地也，所不足者民也，今君王以所不足益所有余，臣不得而为也。'于是令贵人往实虚广之地,皆甚苦之。"《史记》谓:"吴起相楚,明法审令,损不急之官,废公族疏远者,以抚养战斗之士,于是南平百越,北并陈蔡,却三晋而伐秦,诸侯患楚之强,而楚之贵戚尽欲害吴起。"(蔡泽说:"吴起为楚悼王立法,卑减大臣之威重,禁游客之民,精耕战之士,南收扬越,北并陈蔡,破横散从,兵震天下。")则吴起之治楚与商君之治秦,道同一辙,使吴起不一废于魏,再废于楚,虽有孝公之发愤,将何益焉。幸哉吴起废而秦以存,商君废而楚以存,而魏则自是遂削弱不得为强国也。

韩非言:"孝公商君死,惠王即位,秦法未败也,而张仪以秦殉韩魏。惠王死,武王即位,甘茂以秦殉周。武王死,昭襄王即位,穰侯越韩魏而攻齐,五年而秦不益一寸之地,乃成其陶邑之封。应侯攻韩八年,成其汝南之封。"此韩非评秦人历世执政者之得失,即韩非之言而秦历世之策略可求也。孝公之令国中曰:"献公徙治栎阳,且欲东伐。"秦武王谓甘茂曰:"寡人欲容车通三川,窥周室,死不恨也。"以秦地形势言之,秦之从函谷而东向,此必然之势也,故范雎曰:"夫韩魏中国之处,而天下之枢也。王其欲霸,必亲中国以为天下枢,以威楚赵,楚强则附赵,赵强则附楚,楚赵皆附,齐必惧也。齐附则韩魏因可虏也。"此收韩魏以临天下,徐图吞并之策也。《赵世家》言秦复与赵击齐,苏代遗赵王书曰:"秦非爱赵而憎齐也,欲亡韩而吞二周,故以齐啖天下,恐事之不合,故出兵以劫魏赵,恐天下之亟反也,故征兵于韩以威之,声以德与国,而实伐空韩,楚久伐而中山亡,今齐久伐而韩必亡,亡韩秦独擅之,收二周而取祭器。说士之计曰:'韩亡三川,魏亡晋国,市朝未变,而祸已及矣。'"秦人之利害所在及其策划,苏代固明见之也。故张仪曰:"为秦社稷计者,东方有大变,然后王可以多割得地也。梁齐之兵连于城下,王以其间伐韩入三川,出兵函谷以临周,祭器必出,挟天子,按图籍,此王业也。"其与司马错论伐蜀,则曰:"今三川周室,天下之朝市也。亲魏善楚,下兵三川,塞镮辕、缑氏之口,当屯留之道,魏绝南阳,楚临南郑,秦攻新城、宜阳,以临二周之郊,诛周王之罪,侵楚魏之地,据九鼎,按图籍,挟天子以令天下,此王业也。"张仪之为秦计,与苏代之说同归一途,张仪之计固在先亲楚魏以割周韩,次据周韩以摇楚魏,与范雎之先亲韩魏以威楚赵,次附楚赵以虏韩魏,其策犹表之与里,循环为用也。魏之长史说魏王曰:"今王背楚赵而讲秦,楚赵怒而去王,与王争事秦,秦挟楚赵之兵以复攻梁,则国求无亡不可得也。"正范雎之意也。信陵君亦深知其隐者也。方魏之欲亲秦而伐韩,信陵君曰:"韩亡,秦有郑地,与大梁邻,必不伐楚与赵也,又不攻卫与齐也,韩亡之后,出兵之日,非魏无攻也。昔日者秦在河西,晋国去梁千里,有周韩以间之,而祸若是,使秦有郑地,无周韩以间之,祸必由此也。王速受楚赵之约以存韩,存韩以安魏而利天下,此亦王之天时也。今不存韩,二周必危,楚赵大破,卫齐甚畏,天下西向而驰秦,入朝为臣也。"是当时秦人亡周韩、削魏以兼天下之图,彼有识之士,皆于此洞若观火,李斯盖亦主先取韩以恐他国,是张仪、范雎、李斯之谋,先后一揆,周韩足以蔽大梁,先周韩以及魏而摇天下,此固秦人累世不移之策也。

太史公以司马错欲伐蜀,张仪曰不如伐韩,似若仪之疏者,而不知伐韩固仪之大计,而伐蜀亦仪实定之。甘茂曰:"昔张仪西并巴蜀之地,北开西河之外,南取上庸。"《秦惠本纪》言:"张仪伐蜀,蜀王开明战不胜,为仪所灭。"(《史记索隐》引。)《华阳国志》言:"秦遣张仪从子午道伐蜀,遂灭蜀,因灭巴。"是蜀固张仪所灭。《史记》惟言卒起兵伐蜀取之,不言谁将。至于司马错言因乎齐赵以求解乎楚魏,似伐韩周为绝不可能,而不知秦兼宇内,舍此无完计也。盖当时巴蜀各来告急,韩又来侵,仪与秦王所疑虑者,伐韩伐蜀之先后也。《本纪》言司马错伐蜀,与甘茂言不合,李斯言惠王用张仪之计,拔三川之地,西并巴蜀,北收上郡,南取汉中,包九夷,制鄢郢,东据成皋之险,亦以并巴蜀为仪事,仪固一意于图韩,又未尝不以其间取河外、上庸也。张仪固主亲楚魏者,故或相楚、或相魏、或复归秦,实以欺楚魏而楚魏宜亦乐亲张仪,若《屈原列传》等篇言张仪与楚事近诬不足信,史公言异时事有类之者,皆附之苏秦,盖昔之言仪秦事固多不实也。

韩非言："天下比周而军华下，大王以诏破之，兵至梁郭下，围梁数旬，则梁可拔，拔梁则魏可举，举魏则荆赵之意绝，荆赵之意绝则赵危，赵危则荆狐疑，东以弱齐燕，中以凌三晋，然则是一举而霸王之名可成也，四邻诸侯可朝也。"盖韩魏当天下之枢，举魏则荆赵之意绝，而诸侯之从散，此固举魏之大益，而不能举韩魏则固秦之大害也。苏秦言："秦之所害天下者莫如赵，然而秦不敢举兵而伐赵者，畏韩魏之议其后也。"又曰："燕之所以不被甲兵者，以赵蔽其南也。"则韩魏之足以害秦图赵，又不得使图燕也。朱英曰："秦二十年而不攻楚，何也？秦逾黾隘之塞而攻楚，不便；假道于两周，背韩魏而攻楚，不可。"春申君说秦王曰："王攻楚将借兵于仇雠之韩魏乎？兵出之日而王忧其不返也。若不借路于韩魏，必攻随水右壤，此皆广川大水、山林溪谷不食之地也，虽有之不为得地。"则韩魏之足以害秦图楚也。故苏秦言："今秦之攻齐，倍韩魏之地，过卫阳晋之道，经乎亢父之险，秦虽欲深入，则恐韩魏之议其后。"此又见韩魏之足以害秦图齐也。韩魏之为秦祸若斯，秦人将舍此而安图？故秦之图韩魏，自然之理也。范雎之说昭王曰："秦之有韩，譬如木之有蠹，人之有腹心之病也。天下无变则已，天下有变，其为秦患者孰大于韩乎？王不如收韩。"李斯亦曰："秦之有韩，若人之有腹心之病，今若有卒叛之事，韩不可信也。今专于齐赵，则韩必为腹心之病而发也。韩与荆有谋,诸侯应之,则秦必复见崤塞之患。"韩之足以祸秦,瞭如观火,奈何韩非尚欲饰诈谋以愚秦?则其致死为必不可免也。《春申君传》言:"秦昭王使白起攻韩魏,败之于华阳,禽魏将芒茆,韩魏服而事秦。昭王令白起与韩魏共伐楚,取巫、黔中之郡,拔鄢郢东至竟陵,楚东徙至陈县。"秦人历久而不敢攻楚者,一朝服韩魏,遂进举鄢郢,则韩魏附秦之益,果若是之甚也。昔者张仪说楚王曰:"秦下甲据宜阳,下河东,韩必入朝,梁则从风而动。秦攻楚之西,韩梁攻其北,无及为也。"白起之事,斯其效也。李斯言:"孝文用商君之法,获楚魏之师,举地千里。"盖商君既却魏于河西,复南侵楚地,此固秦人累世之故智也。

韩非讥穰侯之越韩魏而攻齐以成陶封,范雎亦以穰侯越卫魏而攻齐纲寿(欲以广其陶封)为非计,谓少出师则不足以伤齐,多出师则害于秦,越人之国而攻,其于计疏矣,不如远交而近攻。范、韩之言固是,而亦非尽是,况范实亦东略者也。何以言之?昔范蠡去越止于陶,以为此天下之中,交易有无之通路,诸侯四通,货物所交易也。盖中国自古世以来,莫不争陶卫,余作《古史甄微》已详言之。以陶卫地当孔道,实为富饶之区,鲁仲连言:"裂地而封,富比陶卫。"《诗谱》以曹末时富而无教,皆足见陶卫之饶富冠一世也,以其为天下之中也。张仪言:"秦攻河外,据卷衍、酸枣、劫卫,取阳晋则赵不南,赵不南而梁不北,梁不北则从道绝,从道绝则秦折韩而攻梁。"又曰:"秦下甲攻卫阳晋,必大关天下之胸。"信陵君言:"秦长驱梁北,东至陶卫之郊。"正以陶、卫、阳晋为天下之胸,秦据之则可以散天下之从,而坐收韩魏也。苏秦言:"秦据卫取淇卷,则齐必入朝,秦欲已得乎山东,则必举兵而向赵,秦甲渡河逾漳据番吾,则战于邯郸之下也。"春申君言:"注地于齐,齐右壤可拱手而取,王之地一经两海,要约天下,是燕赵无齐楚,齐楚无燕赵也,然后危动燕赵,直摇齐楚,此四国不待痛而服也。"又言:"秦割濮磨之北,注齐秦之要,绝楚赵之脊,天下五合六从而不敢救。"正以陶、卫、阳晋天下之要脊,越韩魏而取之,是之谓注地,则可以散北南之从而深割齐赵也。张仪言:"秦军塞午道,告齐使兴师渡清河,军于邯郸之东。"索隐以"午道当在赵之东、齐之西"。郑玄云:"一从一横,谓交道也。"(苏秦言:"秦攻齐则楚绝其后,韩守成皋,魏塞午道。"索隐以为"河内之道"。《楚世家》:"朝射东莒,夕发浿丘,夜加即墨,顾据午道。"正义云:"刘伯庄谓齐西界,按在博州之西境也。"索隐云:"盖亦未详其处。")盖午道非一地专名,濮磨之北,凡三国接壤处皆是,即此陶、卫、阳晋一带谓午道也,天下之中枢,不可以不争也。魏冉知争午道者也,张仪、李斯策攻韩者也,亦知争午道之要,范雎以越韩魏以攻齐为穰侯病,固亦东向而争之。蔡泽说应侯曰:"今君相秦,利施山川,以实宜阳,决羊肠之险,塞太行之道,又斩范中行之途,六国不得合从。"范中行之途即此午道也,此应侯之争午道也。李斯言:"秦发兵而未名所伐,则韩之用事者以事秦为计矣,则韩可深割也。因令象武发东郡之卒窥兵于境上,而未名所之,则齐人惧而从苏之计(秦使荆苏之齐绝赵交),是我兵未出而劲韩以成擒,强齐以义从也。闻于诸侯也,赵氏破胆,荆人狐疑,必有忠计,荆人不动,魏不足患也,则诸侯可蚕食而尽、赵氏可得与敌也。"此李斯之善折韩用午道也。秦昭王曰:"吾爱宋与爱新城阳晋同。"知秦之君臣皆垂涎于午道且窥宋地。苏秦曰:"齐请以宋地封泾阳君,秦信齐,齐秦合,泾阳君重,非魏之利也。"知郑宋曹卫天下之中枢,而不得不争者也。苏代曰:"晋楚合必议齐秦,齐秦合必议晋楚,而结齐秦之约,散晋楚之从,则注地午道为不可缓也。"及穰侯卒于陶,秦复收陶为郡。《春申君传》言:"秦徙卫野王,作置东郡。"盖秦庄襄王元年,蒙骜伐韩取巩、荥阳、成皋,秦界至大梁,置三川郡。始皇五年,蒙骜伐魏,取二十城置东郡。则秦地已东至济西,然后以次兼并六国,则见陶卫之重也。楚人以弋说顷襄王曰:"秦为大鸟,左臂据赵之西南,右臂傅楚之鄢郢,膺击韩魏,垂头中国。"殆所以折天下之要脊者在是也。

陶、卫,中国之午道也,三古以来,迄汉中叶,皆为重地,《古史甄微》尝略论之。三代以来,帝王之都乃渐移于三河,而陶卫犹为必争地,秦汉以后犹然也。陈涉之起也,则以吴叔围荥阳,李斯子由守之,沛公、项王相持于荥阳者几年,山东每有事,汉莫不先发兵填荥阳,此战国争韩魏之说也。吴楚七国之变也,吴使应高说胶西王曰:"吴王率楚王略函谷、守荥阳敖仓。"而周亚夫亦乘六乘传会兵荥阳,曰:"吾今据荥阳,荥阳以东无足忧者。"信知天下有事之必争荥阳。郦生说汉王曰:"愿急复进兵收取荥阳,据敖仓之粟,塞成皋之险,杜太行之道,距蜚狐之口,守白马之津,以示诸侯形制之势,则天下知所归也。"段规亦谓成皋为一里之地而动千里之权,则西山固攻取之要地也。章邯既破张楚兵,遂与项梁折冲于濮阳、定陶间,此亦秦楚之争陶卫也。项羽封十八王,自王梁楚,徙故王于丑地,而以亲爱王诸侯,于是环于梁地而国者,皆羽之将相相从入关者,则羽亦可谓善自树植也。羽既败,汉以彭越王梁地(越,梁相,尝下梁城,绝楚之食道),都定陶;越之醢,高祖以子恢王之;吕后徙恢而以吕产王之;文帝之立,以子武王之,都睢阳(《货殖列传》言:"鸿沟以东,芒砀以北,此梁宋也,陶、睢阳亦一都会也。"故梁都睢阳与陶)。贾生说文帝曰:"愿举淮南地以益淮阳,而为梁王立后,割淮阳北边二三列城与东郡以益梁,梁起于新郪而北著之河,淮阳包陈而南揵之江,则大诸侯之有异心者破胆而不敢谋,梁足以扞齐赵,淮阳足以禁吴楚,陛下高枕无山东之忧矣。"帝从谊计,徙淮阳王武为梁王,北界太山,西至高阳,得大县四十余城,卒之七国举兵西向,梁王扞之,卒破七国,是于时陶卫午道之为形势,犹乎前世之事也。据关中,填荥阳,以争午道,此秦汉两代之所同也,而汉又或不然。方楚汉之相距于荥阳,韩信请兵三万人,愿以北举燕赵、东击齐。辕生说汉王曰:"愿君王出武关,项王必引兵南走,使韩信等安辑河北赵地,连燕齐,则楚所备者多,破之必也。盖楚强而汉弱,不可以直攻梁,则绕齐赵以曲围之,而梁处围中可毙也。"英布之举兵淮南,薛公说汉王曰:"何谓上计,使英布东取吴,西取楚,并齐取鲁,备檄燕赵,固守其所,山东非汉之所有也。何谓中计,东取吴,西取楚,并韩取魏,据敖仓之粟,塞成皋之口,胜败之数,未可知也。何谓下计,东取吴,西取下蔡,归重于越,身归长沙,陛下安枕而卧,汉无事矣。"下策以全失形势,斯为下矣;据韩魏以与汉并争中枢,则形势平分,惟视力之强弱为胜负,斯中策也;并齐取赵,则环韩魏入吾围中,汉虽不欲退入关中不可得,自可以全制山东,斯上策也。则直取之与曲围,其方略诚不无高下之殊,汉以下齐赵而项氏之梁楚危,田横、田荣反三齐,陈余反赵代,楚之不得不舍汉而东取者,固亦困于势也。则齐赵又足以扼梁郑也。周亚夫据荥阳,梁王婴城守,而先以郦寄击赵,栾布击齐,齐赵下而吴楚自走。吕产之王梁,则以吕禄王赵,吕通王燕,张偃王鲁,又翼以两侯,又所以辅梁也。章邯既破项梁于定陶,则北击赵;张楚既以吴叔监诸将西击荥阳,张耳、陈余则请奇兵北略赵地,略齐赵遂可以坐收天下之中枢,前世攻取,未闻此事,斯诚亦奇也。而耳、余不肯为楚西击秦,致楚军一破于荥阳,再破于定陶而巨鹿围。辕生、薛公深知其意,故汉再用之而胜。秦之与汉,同以关中兴,其东向争韩魏略陶卫则同,而争之道,秦以刚为直取,而汉以柔为曲围则异,汉既欲弱诸侯王,以适削其地,于是燕代无北边郡,吴、淮南、长沙无南边郡,则诸侯并处天子围中,自未易叛,是亦制项楚之道也。项楚分封十八王以自固,其意不必非,而王所亲爱者环梁而居,徙故王王边丑于外,以自入围中,而弱己之势则非也。陈余、韩信、高帝并以羽王所亲爱群臣将相王善地,而徙逐故主王丑地为楚病,然楚不王诸将以自辅,则六国后各君其土、子其民,孰能久下项王?此郦生请立六国后竖儒之几败而公事也。故项王之易制诸侯王不必非,而王诸侯遂自处围中则大失,此则楚汉制诸侯之道又不同也。

顿子曰:"韩,天下之咽喉;魏,天下之腰脊。"秦人固知争之也,而争韩又有道。范雎曰:"王下兵而攻荥阳,则巩、成皋之道不通,北守太行之道,则上党之师不下,王一兴兵而攻荥阳,则韩断而为三。"张仪曰:"秦下甲据宜阳,断韩之上地,东取成皋、荥阳,则鸿台之宫、桑林之苑非王之有也。塞成皋、绝上地,则王(指韩)之国分也。"苏秦言:"魏弱则割河外,韩弱则效宜阳,宜阳效则上郡(是上地之误)绝,河外割则道不通,下轵道则南阳危。"则秦之取梁郑,固所以绝天下咽吭,而攻梁郑又在折其要吕。信陵君言:"秦固有怀、茅、邢丘、安城、垝津以临河内,河内共、汲必危,有郑地,得垣雍,决荥泽,水灌大梁,大梁必亡。"苏代亦言:"陆攻则击河内,水攻则灭大梁。"此攻魏之道,亦贵乎先斩其脊,然后水攻其南、陆攻其北。张仪曰:"秦西有巴蜀,大船积粟,起于汶山,浮江以下,不十日而距扞关,则从境以东尽城守也。黔中、巫郡非王之有。秦举甲出武关,南面而伐,则北地绝。"此攻楚亦在折脊之说也。及白起攻楚鄢郢,因取楚定巫、黔中郡,此仪说之效也。白起攻野王而上党道绝,败赵于长平,遂定太原,是亦攻韩赵折脊之道也。如耳言:"昔者魏伐赵,断羊肠,拔阏与,约斩赵,赵分为二。"则魏之攻赵,亦在折脊。文侯之取中山,亦是意也。先取中山,更注地之意也。楚人以弋说顷襄王曰:

> 王朝张弓而射魏之大梁之南,加其右臂而径属之于韩,则中国之路绝,而上蔡之郡坏矣。还射圉(在汴州)之东,解魏左肘而外击定陶,则魏之东外弃,而大宋、方与二郡者皆举矣。且魏断二臂,颠越矣;膺击郯国,大梁可得而有也。王绩缴兰台(桓山),饮马西河,定魏大梁,此一发之乐也。射嘼鸟于东海,还益长城以为防,朝射东莒,夕发浿丘(青州),夜加即墨,顾据午道(齐西界),则长城之东收,而太山之北举也。西结境于赵而北达于燕,三国布辑,则从不待约而可成也,北游目于燕之辽东,而南登望于

越之会稽,此再发之乐也。

是楚之北向而争,亦在收韩魏以绝中国之路,击定陶,据午道,注地三国(燕、齐、赵)之间,散横约而劫诸侯,与秦东向制天下之术无异也。张仪言:"秦据卫取淇卷,则齐必入朝,秦欲已得乎山东,则必举兵而向赵。"亦此意也。章邯既胜于定陶则攻赵,吕后既王吕产于梁,又王吕禄于赵,及耳、余奇兵略赵之意,亦犹是也。国子曰:"兼赵之东阳则赵亦危。"范雎曰:"弛上党以临东,则邯郸口中虱也。"亦见取赵之先东阳而后邯郸,诚以先荥阳,次陶卫,次赵之东阳、齐之右壤,取国之术,千载如是,无他,顺黄河下游而驱耳。黄河古道行太行之东麓,播九河以入海,盖于古皆繁盛之区,春秋之世,晋楚所为争者,亦郑宋曹卫耳。蚩尤伐空桑,则又北进而争涿鹿、坂泉,是据午道而北争赵也。黄帝自涿鹿而空桑,而还都有熊,是亦晋文公得曹卫、胜楚于城濮,遂侵郑之意也。《古史甄微》言此盖详。由晋楚事观之,黄帝、蚩尤之事益明。晋封随会于范,亦所谓注地,如秦封穰侯于陶者,非千载之事必同符,则以形势有以使之然也。至越韩魏而攻齐,以注地于陶,其事亦有可论。信陵君曰:"秦长驱梁北,东至陶卫之郊。"是秦之注地于陶,盖取道大梁之北,须贾说穰侯曰:"割晋国,秦兵不攻而魏必效绛、安邑,又为陶开两道,几尽故宋,卫必效单父,秦兵可全而君制之。"正义:"故宋单父,是陶之南道,安邑及绛,是陶之北道。"则穰侯越韩魏而邑陶,其所从出之途又可考也。

赵武灵王曰:"吾国西有林胡、楼烦、秦、韩之边。"则韩北与赵境,而南与楚境,魏又东与齐境,西与秦境,则两国宜有一中断为二国者。信陵君谓安釐王曰:"夫存韩安魏,此亦大王之时已。通韩上党于共宁,使道安成,出入赋之,是魏重质韩以其上党也,今有其赋,足以富国,韩必德魏畏魏,必不敢反魏。"正义云:"安城在郑州原武县,属魏。共,卫州共城县;宁,怀州修武县。"今魏开通共宁之道,使韩上党得直路而行,则共宁、安城之间是魏之所以续东西、韩之所以断南北而绝上党于三川也。今俗本地图全昧此,因事类陶,故附记于此。

原载1928年7月《史学杂志》第一卷第一期